新能源汽车（图解版）职业教育系列教材

新能源汽车结构与原理

主　编　闫亚林　韩天龙
副主编　苗　胜　郑明锋

北京理工大学出版社
BEIJING INSTITUTE OF TECHNOLOGY PRESS

版权专有　侵权必究

图书在版编目（CIP）数据

新能源汽车结构与原理 / 闫亚林，韩天龙主编.—北京：北京理工大学出版社，2023.8重印

ISBN 978-7-5682-7542-2

Ⅰ.①新… Ⅱ.①闫… ②韩… Ⅲ.①新能源－汽车－职业教育－教材 Ⅳ.①U469.7

中国版本图书馆CIP数据核字(2019)第191719号

出版发行 / 北京理工大学出版社有限责任公司	
社　　址 / 北京市海淀区中关村南大街5号	
邮　　编 / 100081	
电　　话 /（010）68914775（总编室）	
（010）82562903（教材售后服务热线）	
（010）68944723（其他图书服务热线）	
网　　址 / http://www.bitpress.com.cn	
经　　销 / 全国各地新华书店	
印　　刷 / 定州启航印刷有限公司	
开　　本 / 787毫米×1092毫米　1/16	责任编辑 / 陆世立
印　　张 / 8	文案编辑 / 陆世立
字　　数 / 180千字	责任校对 / 周瑞红
版　　次 / 2023年8月第1版第3次印刷	责任印制 / 边心超
定　　价 / 32.00元	

图书出现印装质量问题，请拨打售后服务热线，本社负责调换

前言

随着新能源汽车技术的快速发展和国家政策扶持力度的增大,潜力巨大的新能源汽车市场已经形成,新模式必然产生新市场,新市场需要大量的新技术人员,新能源汽车技术人员人才培养任重道远。新能源汽车涉及很多全新的技术领域,而新能源汽车技术专业也是很多职业院校正在积极建设的专业。杭州职业技术学院抓住市场机遇,及时调整了专业培养方向,开设了新能源汽车技术专业。为满足新能源汽车市场对新能源汽车人才的需求及职业院校新能源汽车专业的教学要求,突出职业教育的特点,杭州职业技术学院新能源汽车技术专业组教师牵头编写了本书。

全书共分为5个项目、17个任务,主要内容包括新能源汽车概述、动力蓄电池系统、驱动电动机系统、充电系统、电动辅助系统(电动助力转向系统、真空助力制动系统、空调系统、照明与信号系统)。本书基于大量的新能源汽车企业的市场调查,通过移动互联网技术,以嵌入二维码的纸质教材为载体,结合视频、音频、课件、整体设计、作业、试卷、拓展资源、主题讨论等数字资源,将教材、课堂、教学资源三者融合,实现线上与线下相结合的教材出版新模式。

本书既可作为职业院校新能源汽车技术专业、汽车检测与维修专业等汽车类专业基础课程教材,也可供从事本专业工作的工程开发和售后维修技术人员参考。

随着新能源汽车的快速发展，关键技术发展日新月异，不同厂家的新能源汽车技术也存在差异，加之编者的水平有限及本书的篇幅有限，书中难免会有疏漏之处，希望读者不吝赐教，编者会尽量把最新的新能源汽车技术展现在读者面前。

编　者

目录

1 项目一　新能源汽车概述 ……………………………… 001
任务一　新能源汽车的概念与分类………………………………002
任务二　纯电动汽车的基本结构…………………………………011
任务三　新能源汽车的发展现状及趋势…………………………014

2 项目二　动力蓄电池系统 ……………………………… 027
任务一　动力蓄电池概述…………………………………………028
任务二　动力蓄电池组……………………………………………038
任务三　蓄电池管理系统…………………………………………041

3 项目三　驱动电动机系统 ……………………………… 046
任务一　驱动电动机系统概述……………………………………047
任务二　驱动电动机的结构与原理………………………………051
任务三　电动机控制器的功能、结构与工作原理………………063
任务四　驱动电动机冷却系统……………………………………067

4 项目四　充电系统 ……………………………………… 070
任务一　充电系统概述……………………………………………071
任务二　充电机……………………………………………………078
任务三　充电站……………………………………………………083

项目五　电动辅助系统 ············· 087

- 任务一　电动助力转向系统 ·············088
- 任务二　真空助力制动系统 ·············095
- 任务三　空调系统 ·············099
- 任务四　照明与信号系统 ·············105

参考文献 ································ 122

项目一
新能源汽车概述

- 任务一　新能源汽车的概念与分类
- 任务二　纯电动汽车的基本结构
- 任务三　新能源汽车的发展现状及趋势

任务一
新能源汽车的概念与分类

学习目标

1. 了解新能源汽车的概念；
2. 掌握新能源汽车的分类；
3. 了解混合动力电动汽车；
4. 了解燃料电池电动汽车。

一、新能源汽车的概念

新能源汽车是指采用非常规的车用燃料作为动力来源（或使用常规的车用燃料、采用新型车载动力装置），综合车辆的动力控制和驱动方面的先进技术，形成的技术原理先进且具有新技术、新结构的汽车，包括燃料电池电动汽车、混合动力电动汽车、氢能源动力汽车和太阳能汽车等。目前中国市场上在售的新能源汽车多是混合动力汽车和纯电动汽车。

二、新能源汽车的分类

新能源汽车包括纯电动汽车、混合动力电动汽车、燃料电池电动汽车、氢发动机汽车、其他新能源汽车等。

1. 纯电动汽车

纯电动汽车（Blade Electric Vehicle，BEV）是一种采用单一蓄电池作为储能动力源的汽车。它利用蓄电池作为储能动力源，通过电池向电动机提供电能，驱动电动机运转，从而推动汽车行驶。

优点：

（1）结构相对简单，维修保养工作量小，维修方便。

（2）环保、噪音低。

（3）使用成本低、能量转换效率高。

缺点：

（1）续航里程相对低；

（2）更换动力电池组的费用相对较高；

（3）慢充充电时间长。

2. 混合动力电动汽车

混合动力电动汽车（Hybrid Electric Vehicle，HEV）是指驱动系统由两个或多个能同时运转的单个驱动系统联合组成的汽车。汽车的行驶功率依据实际的行驶状态由单个驱动系统单独或多个驱动系统共同提供。因各个组成部件、布置方式和控制策略的不同，混合动力汽车有多种形式，比如根据混合动力驱动的联结方式，一般把混合动力汽车分为串联式、并联式、混联式三类。

优点：

（1）采用更小排量的发动机，通过驱动电机系统的动力补偿及功率调节，发动机经常在高效率、低排放的最优工况下工作，提高了能量转化效率，降低了燃油消耗和排放。

（2）可以利用现有的加油站加油设施，具有传统内燃机汽车相同的续驶里程，便于克服目前纯电动汽车一次充电续驶里程短的缺陷。

（3）具有多个动力源，可根据不同行驶需求或路况选择最佳的工作方式。

缺点：

（1）由于混合动力汽车结构相对复杂，因此维修保养也相对复杂。

（2）与传统内燃机汽车、纯电动汽车相比，因具有多个动力源，成本也相对较高。

3. 燃料电池电动汽车

燃料电池电动汽车（Fuel Cell Electric Vehicle，FCEV）是利用氢气和氧在催化剂的作用下，在燃料电池中经电化学反应产生的电能作为主要动力源的汽车。燃料电池电动汽车实质上是纯电动汽车的一种，两者的主要区别在于动力电池的工作原理不同。一般来说，燃料电池是通过电化学反应将化学能转化为电能，电化学反应所需的还原剂一般采用氢气，氧化剂则采用氧气，因此最早开发的燃料电池电动汽车多直接采用氢燃料，氢气的储存可采用液化氢、压缩氢气或金属氢化物储氢等形式。

优点：

（1）"零排放"或近似"零排放"。

（2）减少了机油泄漏带来的水污染。

（3）减少了温室气体的排放。

（4）燃油电池的转化效率高（60%左右），整车燃油经济性良好。

(5) 运行平稳,无噪声。

缺点：燃料电池成本高昂,且使用成本（氢）高昂。

4. 氢发动机汽车

氢发动机汽车是以氢发动机为动力源的汽车。一般发动机使用的燃料是柴油或汽油,氢发动机使用的燃料是气体氢。氢发动机汽车是一种真正实现"零排放"的交通工具,其排放出的是纯水,具有无污染、"零排放"、燃料储量丰富等优势。

优点：只产生水蒸气排放,有效地减少了传统汽油车对空气的污染。

缺点：

(1) 氢燃料成本过高,而且氢燃料的存储和运输技术条件实现起来非常困难。

(2) 如果通过电解水制氢,需要消耗大量能量;如果使用核电制氢,价格昂贵。

5. 超级电容汽车

优点：充电时间短,功率密度大,容量大,使用寿命长,免维护,经济环保等。

缺点：电容能量密度低,很难满足整车需求,故一般作为辅助蓄能器;功率输出随着行驶里程的加长而衰减等。

三、混合动力电动汽车

混合动力电动汽车能够至少从下述两类车载储能中获得动力：一是可消耗的燃料,二是可再充电能/能量储存装置。

（一）按照动力系统结构形式分类

1. 串联式混合动力电动汽车

串联式混合动力电动汽车（Series Hybrid Electric Vehicle,SHEV）又称为增程式混合动力电动汽车。串联式混合动力电动汽车的系统结构主要由发动机、发电机、电动机和蓄电池组等部件组成,如图1-1所示。其主要特点是发动机不参与车辆驱动,当动力蓄电池电量不足时,发动机带动发电机发电,产生的电能通过控制单元传到动力蓄电池。雪佛兰沃蓝达、宝马i3、传祺GA5等混合动力电动汽车均采用串联式混合动力系统。

串联式混合动力电动汽车的动力流程图如图1-2所示。电动机直接与驱动轴相连,发动机与发电机直接连接产生电能,驱动

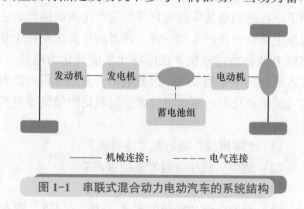

图 1-1　串联式混合动力电动汽车的系统结构

电动机或者给蓄电池充电，汽车行驶时的驱动力由电动机输出，将存储在蓄电池中的电能转化为车轮上的机械能。当蓄电池的荷电状态降到一个预定值时，发动机即开始对蓄电池进行充电。发动机与驱动系统并没有机械地连接在一起，这种方式可以很大程度地减少发动机所受到的车辆瞬态响应。瞬态响应的减少可以使发动机进行最优的喷油和点火控制，使其在最佳工况点附近工作。

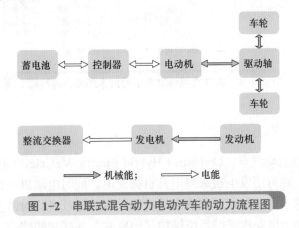

图1-2 串联式混合动力电动汽车的动力流程图

2. 并联式混合动力电动汽车

并联式混合动力电动汽车（Parallel Hybrid Electric Vehicle，PHEV）行驶系统的驱动力由驱动电动机及发动机同时或单独供给。并联式混合动力电动汽车的系统结构主要由发动机、电动机/发电机和蓄电池等部件组成，如图1-3所示。其结构特点是既可以单独使用发动机或电动机作为动力源，也可以同时使用电动机和发动机作为动力源驱动汽车行驶。本田IMA混合动力系统广泛运用在本田Insight、本田思域、本田雅阁（第七代）、本田飞度、本田CR-Z等车型。

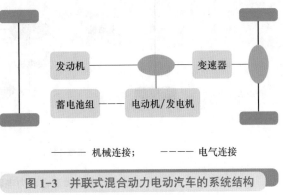

图1-3 并联式混合动力电动汽车的系统结构

并联式混合动力电动汽车的动力流程图如图1-4所示。发动机和电动机通过某种变速装置同时与驱动轴直接相连接。电动机可以平衡发动机所受的负荷，使其能以高效率工作，因为通常发动机工作在满负荷（中等转速）的工况下燃油经济性最好。当车辆在较小的路面载荷下工作时，内燃机车辆的发动机燃油经济性比较差，而并联式混合动力电动汽车的发动机此时可以关闭而只用电动机来驱动汽车，或者增加发动机的负荷使电动机作为发电机，给蓄电池充电以备后用（即一边驱动汽车，一边充电）。由于并联式混合动力电动汽车的发动机在稳定、高速的工况下具有比较高的效率和相对较小的质量，所以它在高速公路上行驶具有比较好的燃油经济性。

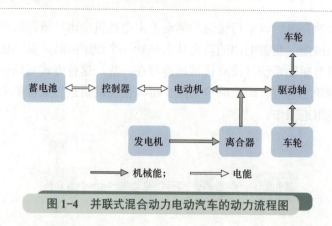

图 1-4　并联式混合动力电动汽车的动力流程图

3. 混联式混合动力电动汽车

混联式混合动力电动汽车（Combined Hybrid Electric Vehicle，CHEV）利用电动机和发动机来驱动车轮，并可用发电机来发电及自行充电，同时电动机在行驶过程中还可以发电。根据行驶条件的不同，其可以仅靠电动机驱动行驶，或者同时由发动机和电动机驱动行驶。混联式混合动力电动汽车的系统结构是串联式与并联式的综合，如图 1-5 所示，它主要由发动机、发电机、电动机、行星齿轮机构和蓄电池组等部件组成。发动机的动力由动力分离装置分成两部分，一部分用来直接驱动车轮，另一部分用来发电，给电动机供应电力和给蓄电池充电。

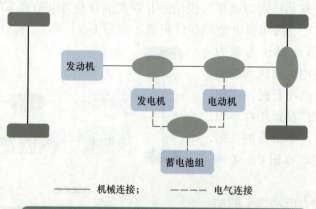

图 1-5　混联式混合动力电动汽车的系统结构

混联式混合动力电动汽车的系统结构一般采用行星齿轮机构作为动力分配装置。一种最佳的混联式结构是将发动机、发电机和电动机通过一个行星齿轮装置连接起来，动力从发动机输出到与其相连的行星架，行星架将一部分转矩传送到发电机，将另一部分转矩传送到传动轴，同时发电机也可以通过驱动电动机来驱动传动轴。这种机构有两个自由度，可以自由地控制两个不同的速度。此时车辆并不是串联式或并联式，而是两种驱动形式同时存在，充分利用了两种驱动形式的优点。混联式混合动力电动汽车的动力流程图如图 1-6 所示。

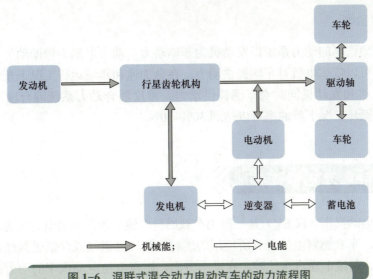

图 1-6 混联式混合动力电动汽车的动力流程图

(二) 按照动力混合程度分类

1. 微度混合型

微度混合型汽车又称起 – 停混合动力汽车,电动机仅作为内燃机的起动机或发电机使用,不具备纯电动行驶模式。其电动机是在传统内燃机的起动电动机(一般为 12 V)上加装传动带而形成的发电 – 起动一体式电动机——BSG(Belt Driven Starter Generator),用来控制发动机快速起动和停止。一般情况下,电动机的峰值功率和发动机的额定功率比不大于 5%,在城市循环工况下节油率一般为 5% ~ 10%。

2. 轻度混合型

相对于微度混合型汽车,轻度混合型汽车的电池、电动机功率所占的比例增大。其采用集成起动电动机——ISG(Integrated Starter and Generator),仍以发动机为主要动力源。电动机作为辅助动力源被安装在发动机和变速器之间,并与主动力相连,提供辅助驱动转矩,但不能单独驱动车辆行驶。起动发动机时,电动机用作起动机;在减速和下坡时,进行能量回收时,电动机用作发电机。一般情况下,电动机的峰值功率和发动机的额定功率比为 10% ~ 15%。

3. 中度混合型

中度混合型汽车是采用了 ISG 系统,以发动机和/或电动机为动力源的混合动力电动汽车。其与轻度混合型汽车的不同之处在于:其采用的是高压驱动电动机,在汽车加速或者大负荷工况时,驱动电动机能够辅助发动机驱动车辆,补充发动机本身动力输出的不足,提高整车性能。一般情况下,驱动电动机的峰值功率和发动机的额定功率比为 15% ~ 40%,在城市循环工况下,节油率可以达到 20% ~ 30%。

4. 重度混合型

重度混合型汽车的动力系统以发动机为基础动力，动力电池为辅助动力。在起步或低速行驶状态下可以依靠电机对车辆提供动力。在急加速和爬坡运行工况下车辆需要较大的驱动力时，电机和发动机同时对车辆提供动力。重度混合动力系统混合度可以达到50%以上，在城市循环工况下节油率可以达到30%~50%。

四、燃料电池电动汽车

燃料电池电动汽车（FCEV）是一种用车载燃料电池装置产生的电力作为动力的汽车，如图1-7所示。车载燃料电池装置所使用的燃料为高纯度氢气或含氢燃料经重整所得到的高含氢重整气。与纯电动汽车比较，在动力方面，燃料电池电动汽车的动力来自车载燃料电池装置，纯电动汽车的动力来自动力蓄电池。

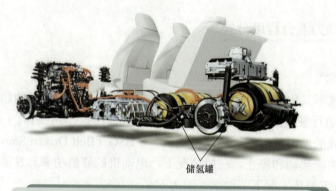

图1-7 燃料电池电动汽车模型

普及直接以纯氢为燃料的电池电动汽车的关键是氢的供应和储存，为了保证车辆的用氢需求，必须建造氢站，这就增大了燃料电池电动汽车产业化和推广的难度。此外，尽管纯氢的比能量很高，但由于氢常温下为气态，密度极小，所以纯氢的能量密度很低，在20 MPa高压下仅为600 Wh/L，液氢也只有2400 Wh/L（且使用成本很高），比甲醇、汽油等传统燃料的能量密度低很多。

（一）燃料电池电动汽车的分类

1. 按燃料的来源方式分类

1）直接燃料式燃料电池汽车

直接燃料式燃料电池汽车的车载燃料（主要为纯氢，少数使用甲醇等其他燃料）作为燃料电池组的阳极燃料。对于采用纯氢作为燃料的燃料电池汽车，其氢燃料的储存方式有高压储氢、液氢储存和金属储氢等几种。目前大多数的燃料电池电动汽车，特别是在燃料电池轿车，仍然以压缩氢气或液化氢气作为燃料。

2）重整式燃料电池汽车

重整式燃料电池汽车使用甲醇、汽油、天然气、液化石油气等燃料，在汽车上通过重整器生成氢气，再将氢提供给燃料电池组作为阳极燃料。

2. 按有无辅助源分类

1）纯燃料电池燃料电池汽车

纯燃料电池燃料电池汽车以燃料电池作为唯一动力源，汽车所有功率负荷都由燃料电池承担。

2）燃料电池/辅助源混合驱动燃料电池汽车

燃料电池/辅助源混合驱动燃料电池汽车除了配备燃料电池外，还配备了辅助源（常用的为蓄电池和超级电容），车辆驱动功率由燃料电池和辅助源共同承担。当前的燃料电池电动汽车大多数采用混合驱动型结构。

（二）燃料电池/辅助源混合驱动燃料电池汽车的优缺点

1. 燃料电池/辅助源混合驱动燃料电池汽车的优点

（1）辅助源的加入提高了燃料电池电动汽车的动态响应能力和低温起动性能，降低了对燃料电池的动态性能要求。

（2）通过调节辅助源功率，可将燃料电池设定在最佳的负荷条件下工作，提高燃料电池的工作效率，有利于提高整车的能量效率。

（3）目前燃料电池的成本还很高，辅助源的加入使整车可选用功率小一些的燃料电池组，这在一定程度上降低了燃料电池组和整车成本。

（4）辅助源可以回收汽车制动时的部分动能，增加整车的能量效率。

2. 燃料电池/辅助源混合驱动燃料电池汽车的缺点

（1）动力电池的使用使得整车的质量增加，动力性和经济性受到一定影响。

（2）系统比较复杂，系统的控制及各部件布置的难度较大。

（三）燃料电池电动汽车的特点

（1）绿色环保：燃料电池没有化学燃烧过程，当使用氢作为燃料时，排放物只有水，属于"零排放"，当使用甲醇、汽油等作为直接燃料或用于重整制氢时，排放物除水之外只有少量的 CO_2，排放量很低。

（2）能量效率高：燃料电池的工作过程是化学能转化为电能的过程，不受卡诺循环的限制，能量转换效率较高，可以达到50%以上。

（3）车辆的续驶里程长：采用燃料电池系统作为能量源，克服了纯电动汽车续驶里程短的缺点，燃料电池电动汽车的长途行驶能力接近于传统燃油汽车。

（4）低噪声：燃料电池属于静态能量转换装置，除了空气压缩机和冷却系统以外无其他运动部件，因此与内燃机汽车相比，运行过程中噪声和振动都较小。

（5）部件布置灵活：在空间和质量上都可对燃料电池组、电动机、辅助设备等部件进行灵活布置。

※ 小测试

1. 混合动力电动汽车按动力系统结构分为哪几种？（　　）
   A. 串联式　　　　　　　　　　B. 并联式
   C. 混联式　　　　　　　　　　D. 微度混合型
2. 新能源汽车包括（　　）。
   A. 纯电动汽车　　　　　　　　B. 混合动力电动汽车
   C. 燃料电池电动汽车　　　　　D. 水氢汽车
3. 燃料电池电动汽车具备哪些特点？（　　）
   A. 绿色环保　　　　　　　　　B. 能量效率高
   C. 车辆的续驶里程短　　　　　D. 低噪声
4. 混合动力电动汽车的英文缩写是（　　）。
   A. BEV　　　　　　　　　　　B. HEV
   C. FCEV　　　　　　　　　　 D. BSG
5. 纯电动汽车的英文缩写是（　　）。
   A. BEV　　　　　　　　　　　B. HEV
   C. FCEV　　　　　　　　　　 D. PHEV

任务二 纯电动汽车的基本结构

学习目标

1. 掌握纯电动汽车的基本结构；
2. 了解纯电动汽车的主要部件功能及特点。

纯电动汽车是以动力蓄电池为储能单元，以电动机为驱动系统的汽车。其动力系统主要由动力蓄电池、驱动电动机组成，从电网取电或更换蓄电池获得电力。纯电动汽车的特点是结构相对简单，生产工艺相对成熟；缺点是充电速度慢，续驶里程短。

纯电动汽车主要由电动机驱动系统、车载能源系统、辅助系统等部分组成，如图1-8所示。

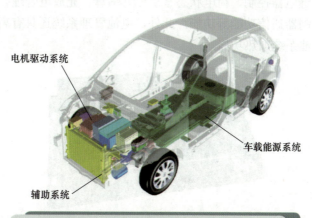

图1-8 典型纯电动汽车的组成框图

一、电动机驱动系统

电动机驱动系统主要由整车控制器（Vehicle Control Unit，VCU）、电动机控制器（Motor

Control Unit，MCU）、驱动电动机和机械传动装置等构成。它的功能是将存储在动力蓄电池中的电能高效地转化为车轮的动能，并能够在汽车减速制动时，将车轮的动能转化为电能充入动力蓄电池。

整车控制器根据驾驶员意图发出各种指令，电动机控制器响应并反馈，实时调整驱动电动机的输出，以实现整车的怠速、前行、倒车、停车、能量回收及驻坡等功能。

电动机控制器是电动机驱动系统的控制中心，通过控制驱动电动机的电流实现电动汽车（Electric Vehicle，EV）的前进、倒退，维持电动汽车的正常运转，保证能够按照驾驶员的意愿输出合适的电流参数。

驱动电动机是将电能转化为机械能的核心部件。

二、车载能源系统

车载能源系统主要由动力蓄电池、电池管理系统（Battery Management System，BMS）、充电系统等组成。它的功能是向驱动电动机提供驱动电能、监测电源使用情况及控制充电机向动力蓄电池充电。

若干单体蓄电池通过串联和/或并联构成蓄电池模块，若干蓄电池模块再经过串联和/或并联构成动力蓄电池组。动力蓄电池放置在一个密封且具有屏蔽功能的电池箱内，使用可靠的高低压接插件与整车进行连接。电池箱体的作用为承载并保护动力蓄电池组及其内部的电气元件，需要具有较高的强度和刚度并且防尘、防水，其防护等级为IP67。

电池管理系统（见图1-9）是保护和管理动力蓄电池的核心部件。电池管理系统通过电压、电流及温度检测等功能实现对动力电池系统的过电压、欠电压、过电流、过高温和过低温保护，具有继电器控制、荷电状态（SOC）估算、充放电管理、均衡控制、故障报警与处理、其他控制器通信功能等功能；此外，电池管理系统还具有高压回路绝缘检测功能，以及为动力电池系统加热功能。

图1-9 电池管理系统

充电系统是将交流电源转换为动力蓄电池充电所需的高压直流源，目前主要包括快速充电系统与慢速充电系统。快速充电系统将充电桩输出的高压直流电源经过快充接口、高压控制盒连接到动力蓄电池；而慢速充电系统则将交流充电桩输出的220V工频正弦交流电经过车载充电机整流、滤波和升压变成高压直流电后再通过高压控制盒连接到动力蓄电池。

三、辅助系统

辅助系统（见图1-10）主要包括辅助动力源、空调器、动力转向系统、雨刮器、照明和除霜装置、冷却系统、加热系统等。辅助动力源主要由DC/DC转换器和辅助电源组成，其功能是向动力转向系统、空调器及其他辅助设备提供动力。在传统汽车上，制动系统真空助力器所需要的真空度来自发动机进气歧管，这在电动汽车上无法实现，因此需要配备电动真空泵。

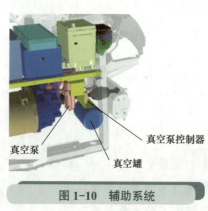

图1-10 辅助系统

※ 小测试

1. 纯电动汽车由哪几部分组成？（　　）
    A. 电动机驱动系统　　　　B. 车载能源系统
    C. 辅助系统　　　　　　　D. 以上全是
2. 电动机控制器的英文缩写是什么？（　　）
    A. VCU　　　　　　　　　B. MCU
    C. ECU　　　　　　　　　D. NCU
3. （　　）是保护和管理动力蓄电池的核心部件。
    A. VCU　　　　　　　　　B. MCU
    C. ECU　　　　　　　　　D. BMS
4. 整车控制器的英文缩写是什么？（　　）
    A. VCU　　　　　　　　　B. MCU
    C. PTC　　　　　　　　　D. PDU
5. （　　）是将电能转化为机械能的核心部件。
    A. 驱动电动机　　　　　　B. 整车控制器
    C. 电机控制器　　　　　　D. 动力电池

任务三 新能源汽车的发展现状及趋势

学习目标

1. 了解新能源汽车的发展史；
2. 了解国内外新能源汽车的发展现状；
3. 了解国内外新能源汽车的发展趋势。

为应对日益突出的燃油供求矛盾和环境污染问题，世界主要汽车生产国纷纷加快部署，将发展新能源汽车作为国家战略，加快推进技术研发和产业化，同时大力发展和推广应用汽车节能技术。

一、新能源汽车的发展史

新能源汽车从最初的单一电动汽车发展到今天多种类型经历了漫长的过程。其发展历程是间断曲折、不连续的，如图1-11所示。在汽车的发展历史中，新能源汽车主要经历了以下3个发展阶段。

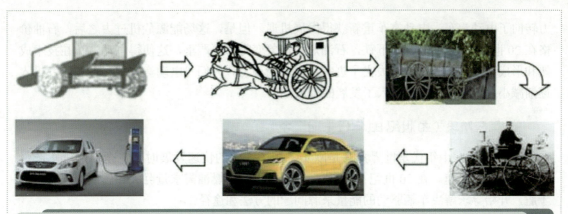

图 1-11　新能源汽车的发展史

1. 第一阶段（19~20 世纪初）

直流电机之父匈牙利发明家阿纽什·耶德利克于 1828 年在实验室试验了电磁转动的行动装置。美国人托马斯·达文波特在 1834 年发明了世界上第一辆电动车，这部电动车采用的是不可充电的干电池。1837 年，达文波特因此获得美国电机行业的第一个专利。

1859 年，法国物理学家加斯顿·普朗特发明了可充电的铅酸电池。随着蓄电池技术的发展，电动汽车在 19 世纪后期在欧美得到了较大发展。1881 年，法国人古斯塔夫·特鲁麦在巴黎举行的国际电器展览会上展出了一辆电动三轮车，第一次把直流电动机和可充电电池用于私人车辆。

19 世纪末到 1920 年是电动汽车早期发展的黄金时期。这个时期的电动汽车装有铜丝辐条车轮、充气轮胎和软座椅，可以快速起动、加速几乎没有噪声，比当时的内燃机汽车有着更多的优势，这就形成了以蒸汽、电动机和内燃机为动力源的"三分天下"的局面。1894 年，美国人亨利·莫里斯和应德罗·萨罗姆成立了电动客车和货车公司，制造出经久耐用的车辆，并在纽约创建了第一个电动车辆出租车队。20 世纪初，美国安东尼电气、贝克、底特律电气、爱迪生等公司相继推出电动汽车，电动车的销量全面超越内燃机汽车，占领了美国私人机动车的主要市场。据统计，在 20 世纪初的全世界所有汽车中，38％为电动汽车，40％为蒸汽车，22％为内燃机汽车。可见，电动汽车在当时的汽车发展中占据着重要位置。

1920 年左右，电动汽车的生产达到了顶峰，但自此以后每况愈下，电动汽车市场逐步被内燃机驱动的汽车所取代。出现这种变化的主要原因如下：随着城市道路的改善，人们开始追求高速和续驶里程的延长，电动汽车在这些方面显得力不从心；内燃机技术取得很大进展，性能提升；石油大量开发，燃油价格低廉。1920 年以后，电动汽车几乎销声匿迹了，汽车工业进入了燃油汽车时代，只有少数城市保留着有轨电车、无轨电车及少量电瓶车。电动汽车的发展从此停滞了大半个世纪，人们几乎忘记了还有电动汽车的存在。

2. 第二个阶段（20 世纪 70 年代）

燃油汽车的发展特点是其对石油供应的强烈依赖。20 世纪 70 年代，全球发生一场石油紧缺造成的能源危机，世界各国产生了强烈的危机感，在这样的背景下，人们又将注意力转向了电动汽车，电动汽车重新获得发展机遇。但是，这场能源危机过去之后，石油价格在20世纪70年代末开始下跌，石油短缺现象变得不再严重，这使得电动汽车在技术成熟和形成商业化产品之前，失去了进一步发展的动力。人们对电动汽车的兴趣和研发投入逐渐减小，电动汽车再次进入了发展的沉寂期。

3. 第三阶段（20世纪90年代末期至今）

20世纪七八十年代是世界尤其是欧美各国工业化的快速发展时期，全球的汽车产量和保有量增加迅速。在20世纪90年代，人们意识到了燃油需求量巨大和石油资源有限的矛盾，开始寻求解决车辆驱动的能量来源问题的方法和途径。

另外，汽车数量的快速增加造成的空气污染日益严重。早在1943年，美国洛杉矶就发生了世界上最早的光化学烟雾事件。经过反复调查研究，直到1958年，人们才发现这一事件是由洛杉矶的250万辆汽车排气污染造成的，这些汽车每天消耗约1600 t汽油，向大气排放1 000多吨HC和400多吨NO_x，这些气体受阳光作用形成光化学烟雾。1971年，日本东京发生了严重的光化学烟雾事件。日本环保部门对东京几个主要光化学烟雾污染源进行调查后发现，汽车排放的CO、HC、NO3种污染物约占总排放量的80%。1997年夏季，拥有80万辆汽车的圣地亚哥也发生光化学烟雾事件，使圣地亚哥处于半瘫痪状态。

人们日益关注汽车排放对空气质量和温室效应所产生的不利影响，一些国家和地区开始实行更严格的汽车排放法规，使得电动汽车的发展再次获得机遇，对其进入市场起到了巨大的推动作用。1990年，美国加利福尼亚州大气资源管理局颁布了一项法规，规定1998年在加利福尼亚州出售的汽车中2%必须是"零排放"车辆，到2003年"零排放"车辆应达到10%。虽然在1998年这项法规的目标并没有完全达到，但它是一个良好的开端。受加利福尼亚州法规的影响，美国电动汽车的研发和应用迅速开展起来，并引发了世界其他各国电动汽车的发展。

在能源和环境的双重压力下，从20世纪90年代开始，电动汽车的研发进入一个活跃期。在这一时期，电动汽车的发展思路已有了重大转变，即由单一的纯电动汽车拓展为多类型的新能源汽车，混合动力汽车、燃料电池汽车、气体燃料汽车等新型汽车有了较大发展。汽车能源的多样化、能量利用高效化及"零排放"是今后车辆驱动技术的发展方向。

二、国内外电动汽车的发展现状

（一）国内新能源汽车发展现状

在我国经济发展的现阶段，低碳经济成为我国未来发展的主要方向，在此背景下，新能源汽车应运而生，新能源汽车具有节能减排、保护环境等多方面的优点，这也代表了世界汽车产业的发展方向。

1. 新能源汽车发展概述

我国发展新能源汽车，是应对节能减排重大挑战的需要，同时基于汽车产业跨越式发展和提升国际竞争力的需要。部分发达国家把新能源汽车作为战略制高点来考虑,国家投入力量加强产业的发展。我国传统汽车领域和国外相比相对落后,但在新能源汽车方面,我们和发达国家是站在同一个起跑线上的,我们有机会在新能源汽车领域与发达国家在一个平衡的层面上创新。我国汽车工业以纯电驱动作为技术转型的主要战略方向,重点突破电池、电动机和电控技术,推进纯电动汽车、插电式混合动力汽车产业化,实现汽车工业跨越式发展。近期以混合动力汽车为重点,大力推广、普及节能汽车,逐步提高我国汽车燃油经济性水平。"十二五"期间我国将大力发展节能汽车,中度、重度混合动力乘用车保有量计划超过 100 万辆,但是占总体汽车保有量的比例还是比较小的。2020 年,纯电动汽车和插电式混合动力汽车实现产业化,市场保有量有望超过 500 万辆。

从 2001 年开始,我国 863 项目共投入 20 亿元研发经费,形成了纯电动、油电混合动力、燃料电池 3 条技术路线("三纵")及动力蓄电池、驱动电动机、动力总成控制系统 3 种共性技术("三横")的电动汽车研发格局,共计有 200 多家整车及零部件企业、高校、科研院所,以及 3 000 多名科技人员直接参加了电动汽车的专项研发。到目前为止,共有 160 多款电动汽车进入我国汽车产品公告,建成 30 多个电动汽车国家重点实验室等国家级别的技术创新平台,制定电动汽车相关标准 40 多项。

近几年,我国陆续出台了新能源汽车示范推广及私人消费补贴的相关政策,并不断扩大试点的范围。在政策的支持下,我国新能源汽车消费市场开始启动,电动汽车基础设施建设也得到了初步发展,部分城市已经形成了网络雏形。随着 2009 年"十城千辆"工程的实施,电动汽车能源供给基础设施的潜在发展机遇开始受到重视,国家电网公司、南方电网公司、普天海油公司等能源企业围绕国家新能源汽车发展战略,强势介入充电基础设施的建设,各示范城市和社会各界也积极响应。

2. 国内新能源汽车发展计划

1)电动汽车重大科技专项

电动汽车重大科技专项选择新一代电动汽车技术作为我国汽车科技创新的主攻方向,计划在"十五"期间,以电动汽车的产业化技术平台为工作重点,力争在电动汽车关键单元技术、系统集成技术及整车技术上取得重大突破,促进符合现代企业制度和市场经济发展要求的研发体系和机制的形成。

该专项的任务是建立燃料电池电动汽车产品技术平台;实现混合动力电动汽车的批量生产,开发的产品通过国家汽车产品型式认证;推动纯电动汽车在特定区域的商业化运作;同时,完善国家电动汽车示范区和相关电动汽车检测基地的建设;研究、制定促进电动汽车产业化的政策、法规和相关标准,完善相关基础设施的建设;支持北京"绿色奥运"车辆的研发和应用示范,为我国在 5~10 年内实现电动汽车的产业化奠定技术基础。该专项强调建立符合整车开发规律的严密的整车开发程序,提出以整车开发为主导,基于关键零部件和相关材料紧密结合、基础设施协调发展,政策法规、技术标准与评估技术同步展开的基本方针,保证电动汽车重大专项产品化和产业化目标的实现。

2)新能源汽车项目

该项目的总体布局是建立以燃料电池电动汽车、混合动力电动汽车和纯电动汽车动力系统技术平台为"三纵",以及以燃料电池和动力蓄电池技术、电驱动系统技术和共性基础技术为"三横"的电动汽车"三纵三横"的研发布局,如图1-12所示。

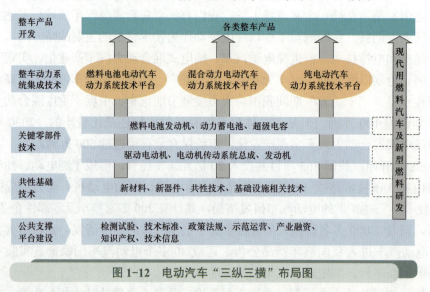

图1-12 电动汽车"三纵三横"布局图

3）电动汽车关键技术与系统集成项目

该项目的总体目标是加强电动汽车产业化关键技术突破,强化示范考核和产业化研发,建立以企业为主体的"产学研"相结合的技术创新体系,支撑和引领我国汽车工业技术进步和跨越式发展。

该项目的主要研究内容是开展系列化混合动力电动汽车产品的产业化技术研发,重点突破产品性价比的瓶颈,形成市场竞争力;开发系列化纯电驱动汽车及其能源供给系统,并探索电动汽车技术与商业运营模式的集成创新;发展以燃料电池电动汽车为代表的高端前沿技术,建立下一代纯电驱动动力系统技术平台,研制下一代纯电动汽车并进行考核示范。

3. 国内新能源汽车产业相关政策

日益严重的环境污染及能源短缺问题使得新能源汽车推广迫在眉睫。对于新能源汽车产业来说,相关政策的影响作用是不言而喻的。近年来,国家在新能源汽车行业发展方面出台了较多扶持政策。科学技术部公布《电动汽车科技发展"十二五"专项规划》,确立了纯电驱动技术转型战略,着力推进关键零部件技术、整车集成技术和公共平台技术的攻关与完善、深化与升级。随后不久,国务院发布《节能与新能源汽车产业发展规划(2012—2020年)》,将纯电驱动作为新能源汽车发展和汽车工业转型的主要战略取向,当前重点推进纯电动汽车和插电式混合动力电动汽车的产业化。

政府可以通过制定一系列的政策扶持新能源汽车产业。例如:对新能源汽车产业进行立法,则可以保护生产厂商和消费者,保障产业的健康、有序发展;对生产厂商进行补贴,则可以提高产业的技术水平,降低生产厂商的成本;对消费者进行补贴,则可以降低消费者的购车成本,加快产业发展;进行示范工程、宣传推广、政府采购,则可以扩张产业规模;对基础配套设施进行标准制定和资金支持,则可以促进产业成熟,改善发展环境。

4. 中国新能源汽车产业发展近况

1）北汽福田汽车股份有限公司（简称福田汽车公司）

福田汽车公司是国内开发新能源汽车种类较多的汽车公司，其车型涉及插电式混合动力多用途汽车（Multi-Purpose Vehicle，MPV）、纯电动多用途汽车、混合动力大客车、燃料电池大客车、压缩天然气（Compress Natural Gas，CNG）/液化石油气（Liquefied Petroleum Gas，LPG）大客车、纯电动大客车、纯电动轻型环卫车及混合动力轻型载货汽车。自2009年以来，福田汽车公司总计销售新能源汽车超过3 000辆。福田汽车公司未来将致力于将电动汽车技术运用于商用车、乘用车系列产品。

2016年9月4日至5日，G20峰会期间，福田欧辉80台"智蓝-BJ6127混合动力客车"作为会议唯一官方指定的摆渡用车，为与会的各国政要和全球的官方媒体提供"绿色出行"的品质服务保障。

2）中国长安汽车集团有限公司（简称长安汽车公司）

长安汽车公司是国内较早开展新能源汽车研发的企业，从2001年就开始布局新能源汽车，2002年加入"863计划"。长安杰勋混合动力汽车在服务于2008年北京奥运会后，又加入"十城千辆"示范运行工程。长安汽车公司目前已开发、投放奔奔Love纯电动、奔奔mini纯电动、志翔油电混合、杰勋油电中混、志翔燃料电池等多款新能源汽车车型，如图1-13所示。

图1-13　长安品牌电动汽车

3）中国第一汽车集团有限公司（简称一汽集团）

"十一五"期间，一汽集团开发的解放牌全混合动力城市公交客车比传统客车节油38%，排放标准达到欧Ⅳ标准。同时，一汽集团还将混合动力技术运用到载货汽车上。商用车的油耗和排放量远大于轿车，混合动力商用车的开发对节能减排意义重大。

一汽集团还研发了E-wing与E-coo两款纯电动仿生概念车，如图1-14所示。

E-wing具有家用充电和快速充电两种充电模式，采用了单体自适应电量平衡技术。E-coo以狮子为仿生原型，具备整车动力与安全控制、能量分配与管理、故障诊断等控制功能。

(a) E-Wing　　　　　　　　　　　　(b) E-coo

图 1-14　一汽品牌新能源汽车

4）东风汽车集团有限公司（简称东风汽车公司）

东风汽车公司于 2005 年开始开发实用型纯电动车型，目前总计开发纯电动车辆 10 余款，涉及纯电动大客车、货载汽车、MPV、SUV、小型载货汽车、微型客车和代步车等车型，如图 1-15 所示。从 2006 年开始，已在 10 个城市投放超过 60 辆纯电动 SUV 和小型载货汽车，最长单车续驶里程达到 60 000 km，示范运营里程超过 20 000 km 的车辆达 35 辆。经过多年的研发实践，东风纯电动汽车开始逐渐走出试验阶段，走向市场。

图 1-15　东风品牌新能源汽车

5）上海汽车股份有限公司（简称上汽集团）

上汽集团在国内较早实现新能源汽车的产业化，研发的荣威 750 中度混合动力轿车和荣威 550 插电式强混合动力轿车已批量投放市场，它们的综合节油率分别达到 20% 和 50% 以上。另外，上汽集团的自主品牌纯电动轿车也已推向市场。在 2010 年上海世界博览会期间，上汽集团提供了 1 125 辆新能源汽车，其中混合动力汽车比例最大，混合动力客车达 150 辆，混合动力出租车达 350 辆，如图 1-16 所示为上汽荣威新能源汽车。

图 1-16 上汽荣威新能源汽车

6）比亚迪汽车有限公司（简称比亚迪公司）

比亚迪公司是新能源汽车龙头，是全球唯一具有原材料、电机电控、动力电池、整车、充电桩全产业链的跨国企业。比亚迪汽车占据中国新能源汽车 30% 的市场份额。信息技术、汽车、新能源是比亚迪公司的三大核心产业，并且在行业内均处于领先地位。比亚迪公司在中国有 9 个生产基地，分布在广东、北京、上海、陕西等地，并且计划在美国、欧洲国家、日本、韩国等设立分公司。

根据《2015—2020 年中国新能源汽车行业市场前瞻与投资战略规划分析报告》显示，2015 年上半年新能源汽车的销量为 7.3 万辆，同比增长 2.6 倍，已相当于去年全年的销量。其中，纯电动汽车和插电式混合动力汽车的销量分别为 4.6 万辆和 2.6 万辆，同比增长分别为 2.9 倍和 2.0 倍。其中，比亚迪新能源汽车的市场份额为 29.8%，新能源汽车收入为 59.76 亿元，同比增长约 1.2 倍。与丰田普锐斯、凯美瑞等新能源汽车产品相比，比亚迪电动汽车及混动汽车具有高配低价的优势，易获得追求经济效益的购车者喜爱。

比亚迪系列代表车型如图 1-17 所示。

图 1-17 比亚迪新能源汽车

7）浙江吉利控股集团有限公司（简称吉利公司）

目前吉利公司将加快从传统汽车向新能源汽车的转型，吉利公司将实现到 2020 年，新能源汽车销量占吉利公司整体销量 90% 以上；其中，插电式混动汽车与油电混动汽车销量占比达到 65%，纯电动汽车销量占比达 35%。至今，吉利公司的新能源车产品已经丰富起来，2016 年 8 月发布的新款吉利帝豪 EV 已经具备最高续航 330 km 的能力。同年 10

月，吉利公司推出了全新的商用车品牌远程汽车。新能源汽车是吉利公司未来发展的方向，更是企业战略的重要版图。吉利公司前期基于帝豪推出 EV、HEV、PHEV 车型，这 3 种动力系统后期会被广泛应用到其他产品之上。

吉利帝豪新能源汽车如图 1-18 所示。

图 1-18　帝豪新能源汽车

8）奇瑞汽车股份有限公司（简称奇瑞公司）

从 2010 年起，在实现了第一阶段"通过自主创新打造自主品牌"的战略目标的基础上，奇瑞公司开始全面实施从追求速度和销量规模的发展模式到向追求"品质、品牌、效益"转变的深层次战略转型，并确立了企业从 2012 年到 2020 年的三阶段发展战略目标。奇瑞公司从企业经营理念到管理体系进行了全方位大刀阔斧的变革，目的是要建立与国际接轨的产品开发、生产、营销及质量管理、人力资源管理和财务管理体系等，为实现企业的战略目标及可持续发展奠定基础。

奇瑞品牌新能源汽车如图 1-19 所示。

图 1-19　奇瑞品牌新能源汽车

9）北京汽车股份有限公司（简称北汽公司）

北汽公司拥有全球最完整的产品矩阵，覆盖家用轿车、SUV、商用车 A00 级小轿车等方方面面。在续航能力上，其产品也不断提高：从 EV160 到 EV200，再到 EX200 及 EH400，北汽公司将实现 200 km-300 km-400 km 的飞跃，完成"234"战略规划。

连续4年，北汽公司蝉联国内新能源汽车销售冠军，2015年销售新能源汽车20 129辆，达到366%的同比增长。其中，在动力方面，EU260（见图1-20）搭载的电动机最大功率为100 kW，峰值转矩为260 N·m，最高车速为140 km/h；该车采用三元锂离子电池组，电池容量为41.4 kW·h，续驶里程超过260 km，等速行驶可达350 km。EU260 plus最长续航达350 km，充电30 min可最高续航200 km，百公里用电仅16 kW·h。该车具有PM2.5净化功能，不管是雾霾天还是风沙天，乘车人员都可呼吸到纯净的空气。

图1-20 北汽新能源汽车

10）众泰控股集团有限公司（简称众泰公司）

众泰公司主要从事纯电动汽车研发、销售、汽车零部件及电子科技产品的设计、开发和技术等服务。作为较早布局新能源汽车产业化的汽车企业之一，众泰公司始终把发展新能源汽车作为公司的重要战略，不断加强对新能源汽车的技术研发和投入。2014年10月，"七年磨一剑"的众泰云100正式上市，经过两年多严酷的市场考验，众泰云100累计销量突破1.5万辆，被誉为"中国平民特斯拉"。2016年1月，众泰云100的升级款众泰云100S研发成功，在智造工艺上，众泰云100S更是精益匠造，4 100多个焊点保障车身强度、世界上先进的机器人之一MOTOMAN参与生产智造、近400道的总成工序成就了众泰云100S的匠造品质。

众泰新能源汽车如图1-21所示。

图1-21 众泰新能源汽车

（二）国外新能源汽车发展现状

为应对日益突出的燃油供求矛盾和环境污染问题，世界主要汽车生产国纷纷加快部署，大力发展和推广应用节能技术，将发展新能源汽车作为国家战略，加快推进技术研发和产业化。

1. 美国

为了增强汽车工业的竞争能力，提高汽车燃料效率，减少有害气体和 CO_2 的排放，1993 年 9 月美国政府和美国三大汽车公司合作实施"新一代汽车合作伙伴计划"（The Partnership for a New Generation of Vehicles，PNGV）。时任美国总统克林顿形容该计划的意义时称只有阿波罗登月计划可以与 PNGV 计划相媲美。

PNGV 计划的目标如下。

（1）提升美国汽车公司的研发和制造水平，降低生产成本，提高汽车产品质量，最终增强美国汽车公司的竞争力。

（2）将商业可行的新技术应用于传统汽车，提高车辆的燃油效率，改善废气排放。

（3）开发出燃油效率 3 倍于现有车辆的新一代车辆。

为进一步降低美国对进口石油的依赖性，美国能源部于 2002 年提出 FreedomCAR 计划，其目标如下。

（1）利用可再生能源制造氢燃料电池，摆脱对石油的依赖。

（2）研究成本不高、无排放污染的各种汽车。

（3）美国人可自由选择各种汽车，自由地获得经济、方便的燃料。

2. 德国

德国是一个工业发达但资源短缺的国家，石油、天然气基本依靠进口，煤炭 40% 依靠进口。为改变能源供应依赖进口的局面，德国非常重视新能源的开发和利用，发展方向是可再生能源向电能的转化，德国在风能发电、太阳能发电、生物能发电等方面的技术处于全球领先。近年，德国政府在再生能源开发应用、电网扩建和提高能效等方面进行了大规模的投入。2010 年，德国电力生产的 17% 来自可再生能源，到 2020 年，这一比例将提高至 35%，到 2030 年为 50%。

德国政府期望通过《国家电动汽车发展计划》的执行，达到以下目的。

（1）德国汽车公司领跑电动汽车产业，在世界电动汽车市场占据份额，确保德国汽车工业的领先地位。具体措施包括创立新型的电动汽车商业模式、推出新型电动汽车产品和服务、建立全球的电动汽车标准与规范等。

（2）逐步淘汰石化燃料汽车，实现交通的电驱动化，优化德国的能源使用结构，增加可再生能源在能源总消耗中的比例。

（3）与城市规划紧密结合，完善和优化德国的城市和公路充电设施网络。

3. 日本

日本的石油资源基本依赖进口，所以日本异常重视新能源汽车的开发和推广。

2010 年 4 月，日本经济产业省发布的《新一代汽车战略 2010》对日本的新能源汽车产业发展进行了规划。该战略计划的主要内容如下。

（1）积极推动下一代汽车发展，力争 2030 年普及率达 50%～70%。具体目标如下：到 2020 年下一代汽车新车销量占新车总销量的 20%～50%，其中混合动力汽车占 20%～30%，电动汽车和插电式混合动力汽车占 15%～20%，燃料电池汽车占 1%，清洁柴油车占 5%；到 2030 年，下一代汽车普及率达到 50%～70%，其中混合动力汽车占 30%～40%，电动汽车和插电式混合动力汽车占 20%～30%，燃料电池汽车占 3%，清洁柴油车占 5%～10%。

（2）继续推动传统汽车的节能减排工作，具体措施包括制定 2020 年的车辆油耗基准值，对采用节能技术的汽车给予减税、补贴等政策支持，推广低油耗驾驶方式及完善城市交通管理体系等。

（3）促进汽车能源的多样化发展，具体包括推进生物燃料的使用及相关基础设施的配套建设，推进清洁柴油车、柴油混合动力汽车和燃料电池汽车的普及等。

2016 年在日本市场，混合动力电动汽车已经优先普及，由于不需要建设配套基础设施，其销量已经远超 EV/PHEV。据统计，2016 年第一季度 EV/PHEV 的市场销量仅占混合动力电动汽车销量的 3.3%。另外，处于市场投放期的燃料电池汽车则表现出了强大的市场潜力，第一季度燃料电池乘用车的销量为 170 辆，占 EV/PHEV 的市场销量的 2.3%，加氢站等配套基础设施建设也在逐步推进。

三、国内外电动汽车的发展趋势

虽然国内的利好政策促进了新能源汽车的高速发展，但是由政策驱动的市场作用越来越不明显，我国新能源汽车领域正发生一场深刻变革，可总结为以下 4 个转变。

（1）消费结构由乘商并重逐渐向乘用车为主转变。

（2）消费主体由公共领域逐渐向私人购买转变。

（3）私人消费区域由限购城市逐渐向非限购城市转变。

（4）私人消费观念逐渐由被动接受向主动选购转变。

通过分析上述 4 个转变可以明显推断出：市场因素对新能源汽车发展的推动作用越来越大，新能源汽车市场正逐步由政策驱动型向市场驱动型转变。

1. 有效的长续航与完善的基础设施需要补足短板

目前，续航里程短、充电／加氢基础设施不完善，依然是制约新能源汽车推广的障碍，市场对长续航和配套基建的需求非常明显。在续航里程上，2017 年主流工况续航 300 km，2018 年上半年多数车企已达到 400 km，有的甚至突破到了 500 km。然而电动汽车在不同的速度下，续航有所不同，速度越高，续航越低；根据日前威马公布的各型号工况续航，得出的电动车在不同速度下的有效续航为 30%～80% 电量行驶距离。如此一来，有效的长续航仍然是未来急需突破的方向。在充电桩／加氢站等基础设施方面，目前，我国现在车桩比只有 3.5∶1，有效运营的加氢站少之又少，与同期新能源汽车发展的规模仍然不匹配。而随着新能源汽车市场销量的持续增长，充电／加氢基础设施供给不足的问题将日益凸显。

2. "新四化"必是大势所趋

随着智能家居、智能购物、智能楼宇、智能机器、智能医疗等贴近人们的生活，汽车产业的电动化、网联化、智能化、共享化已成为汽车行业公认的未来趋势，智能网联汽车成为新能源汽车发展的战略制高点。有专家预计：到2028年，在新购车用户中，"00后"将占7.2%，"90后"占41.8%，"80后"占35.4%；由于这几代人是在互联网环境中成长起来的，正所谓是无网络不生活，而随着消费群体的年轻化，互联网和对移动终端的需求将是汽车产业发展的方向。因此，汽车必将向高级智能移动终端演变，而新能源汽车也将迎来高速发展。

※ 小测试

谈谈你对国内外新能源汽车发展趋势的看法。

※ 综合测试

项目二
动力蓄电池系统

 任务一　动力蓄电池概述

 任务二　动力蓄电池组

 任务三　蓄电池管理系统

任务一 动力蓄电池概述

>> 学习目标 <<

1. 了解动力蓄电池的定义、分类及技术参数；
2. 掌握动力蓄电池的基本结构与工作原理。

一、动力蓄电池的定义、分类及技术参数

（一）动力蓄电池的定义

在国家标准《电动汽车术语》（GB/T 19596—2017）中，动力蓄电池（见图2-1）定义为电动汽车动力系统提供能量的蓄电池，分为化学电池、物理电池、生物电池。

图 2-1 动力蓄电池

（二）动力蓄电池的分类

1. 化学电池

化学电池是利用物质的化学反应产生电能的电池，如镍镉电池、镍氢电池、锂离子电

池等。

（1）按工作性质分类：原电池、蓄电池、燃料电池、储备电池。

（2）按电解质分类：酸性电池、碱性电池、干性电池、有机电解质电池、固体电解质电池。

（3）按正负极材料分类：锌锰电池、镍镉电池、镍氢电池、铅酸电池、锂离子电池。

1）铅酸电池

铅酸电池是一种电极主要由铅及其氧化物制成、电解液是硫酸溶液的蓄电池。铅酸蓄电池具有价格低廉、高低温性能好、易于识别荷电状态、没有记忆的优点，但也存在比能量低、使用寿命短、使用成本高、充电时间长、存在铅污染等缺点，不适合作为电动汽车的动力蓄电池。

2）镍氢电池

镍氢电池是20世纪90年代发展起来的一种新型蓄电池。它的正极活性物质主要由镍制成，负极活性物质主要由储氢合金制成，是一种碱性蓄电池。镍氢电池具有高比能量、高比功率，适合大电流放电、可循环充放电，绿色环保，无铅、镉等对人体有害金属的污染等优点，但也存在自放电损耗较大、对温度敏感、成本相对较高等缺点。

图 2-2　常见的 18650 锂电池

3）锂电池

锂电池（见图 2-2）一般是使用锂合金金属氧化物为正极材料、石墨为负极材料、使用非水电解质的电池。锂电池具有工作电压高、比能量高、循环使用寿命长等优点，广泛应用在电动汽车中。

锂电池的负极是储锂材料，电解质是锂盐的有机溶液或聚合物，正极材料主要有钴酸锂、锰酸锂、磷酸铁锂、三元材料等。目前，车用锂电池正极主要选用磷酸铁锂和三元材料。

4）磷酸铁锂电池

磷酸铁锂电池（见图 2-3）是指用磷酸铁锂作为正极材料的锂离子电池，具有循环使用寿命（100%DOD，DOD 即 Depth of Discharge，表示电池放电量与电池额定容量的百分比）达到 800 次以上、

图 2-3　磷酸铁锂电池

使用安全、可大电流快速放电、热稳定性好、金属资源丰富、无记忆效应等特点。

磷酸铁锂电池曾靠着更长的充放寿命和更好的安全性成功占领了市场的主流，但是磷酸铁锂电池有一个致命的缺点：能量密度低。

5）三元锂电池

三元锂电池（见图 2-4）正极使用镍钴锰酸锂三元材料，具有能量密度大、单体电压高、循环使用寿命（100%DOD）高、热稳定性好等特点。

小知识：比亚迪公司表示，从 2018 年起乘用车均使用三元锂电池。

6）燃料电池

燃料电池是一种将燃料与氧化剂的化学能通过电化学反应直接转换成电能的发电装置。燃料电池具有以下特点：理论热效率 100%、电化学反应清洁、比能量高、噪声低。

氢燃料电池的基本原理：把氢和氧分别供给阴极和阳极，氢通过阴极向外扩散和电解质（铂）发生反应后，放出的电子通过外部负载到达阳极。燃料的化学能直接转换为电能，不需要进行燃烧，能量转换率可达 60%～80%。

图 2-4 三元锂电池

2. 物理电池

物理电池是利用光、热、物理吸附等物理能量发电的电池，如太阳能电池、超级电容器（见图 2-5）、飞轮电池等。

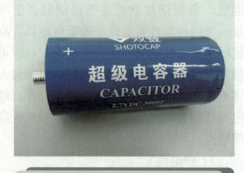

图 2-5 超级电容器

飞轮电池是利用类似飞轮转动时产生能量的原理来实现自身充放电的。保时捷 911 GT3 混合动力赛车使用了飞轮电池技术，飞轮电池仅作辅助能源使用，用于制动能量回收再利用。当飞轮转速上升时，电池为储能状态；当飞轮转速下降时，电池为功能状态。

3. 生物电池

生物电池是利用生物化学反应发电的电池，如微生物电池、酶电池、生物太阳电池等。

Sony 公司在 2011 年年底于东京举行的环保用品展上拿出了一种新的电池样品，利用纤维素酶将纸中的纤维素转换为葡萄糖，然后使葡萄糖氧化发电。该电池所产生的动力可供一台小风扇使用。由于技术条件的制约，生物燃料电池的研究和使用还处于不成熟阶段，电池的输出功率小、使用寿命短，远没有达到全面推广的时期。

（三）动力蓄电池的技术参数

动力蓄电池的技术参数包括电池电压、电池容量、电池荷电状态、能量、功率、自放电率、内阻、放电深度、使用寿命等。

1. 电池电压

电池正极与负极之间的电位差称为电池电压，又称为端电压。

（1）工作电压：蓄电池在工作状态下即电路中有电流流过时，蓄电池正负极之间的电势差。实际工作电压随不同使用条件有所区别，一般是指一个电压范围。

（2）开路电压：蓄电池在开路条件下即电路中无电流流过时，所测得的端电压。通过电池的开路电压，可以判断电池的荷电状态。

（3）额定电压：电池在常温下的典型工作电压，又称为标称电压。

（4）放电终止电压：蓄电池正常放电时允许达到的最低电压。

（5）充电上限电压：蓄电池充满电时的电压。如果达到充电上限电压仍不停止充电，则表现为过充。

2. 电池容量

电池容量是指电池在一定放电条件下所放出的电量，常以符号 C 来表示，常用单位为（A·h）安培·小时。

（1）理论容量：在活性物质完全被利用的情况下，电池可以释放的最大容量。

（2）额定容量：在规定条件下电池所能放出的电池容量值，它又称为标称容量。

（3）实际容量：电池在一定的放电条件下实际放出的电量，它等于放电电流与放电时间的乘积。

（4）比容量：单位质量或单位体积的电池所输出的电量。

3. 电池荷电状态

电池荷电状态（SOC）是蓄电池放电后剩余容量与电池额定容量的百分比。SOC 的取值范围为 0~100%，当 SOC=0 时表示电池放电完全，当 SOC=100% 时表示电池完全充满。

4. 能量

电池的能量是指在一定放电制度下，电池所能输出的电能，单位通常用（W·h）瓦·时表示。电池的能量反映了电池做功能力的大小，也是电池放电过程中能量转换的量度。对于电动汽车来说，电池的能量大小直接影响电动汽车的行驶距离。

（1）理论能量：电池在一定标准规定的放电条件下所输出的能量，是电池的理论容量与额定电压的乘积。

（2）实际能量：电池放电时实际的输出能量，是电池实际容量与平均工作电压的乘积。

（3）比能量：单位质量或单位体积的电池所放出的能量。

5. 功率

在一定放电制度下，单位时间内电池输出的能量，称为电池的功率，单位为 W 或 kW。电池功率的大小决定电动汽车的加速性能和爬坡能力。

单位质量或单位体积电池输出的功率，称为比功率，单位为 W/kg 或 W/L。比功率的大小表征电池所承受的工作电流的大小，它是体现电池性能的一项重要指标。

6. 自放电率

自放电率是指电池在存放期间容量的下降率，即电池无负荷时自身放电使容量损失的速度。自放电率用单位时间容量降低的百分数表示。

7. 内阻

电池的内阻是指电流流过电池内部时所受到的阻力。电池的内阻不是常数，在充放电过程中随时间逐渐变大。由于内阻的存在，电池的工作电压总是小于电池的电动势或开路电压。内阻是决定电池性能的一个重要指标，它直接影响电池的工作电压、工作电流、输出的能量和功率。内阻越大，电池工作内耗越大，电池效率越低，所以内阻越小越好。

8. 放电深度

放电深度（DOD）表示蓄电池放电状态的参数，等于实际放电容量与额定容量的百分比。放电深度的高低和电池的充电寿命有很大关系，电池的放电深度越深，其充电寿命就越短，会导致电池的使用寿命变短，因此应尽量避免深度放电。

9. 使用寿命

使用寿命是指电池在规定条件下的有效寿命期限。电池发生内部短路或损坏而不能使用，以及容量达不到规范要求时电池使用失效，这时电池的使用寿命终止。电池的使用寿命包括使用期限和使用周期。使用期限是指电池可供使用的时间。使用周期是指电池可供重复使用的次数，也称循环寿命。

二、动力蓄电池的基本结构与工作原理

下面以常用锂电池为例分析动力蓄电池的结构与原理。

（一）锂电池的分类

（1）按正极材料分类：钴酸锂电池、锰酸锂电池、磷酸铁锂电池、三元锂电池。
（2）按电解质分类：聚合物锂电池、液态电解质锂电池。
（3）按电池形状分类：方形锂电池、圆柱形锂电池、软包锂电池。
（4）按封装外壳分类：塑料锂电池、金属锂电池。

（二）锂电池的基本结构

锂电池的基本结构如图2-6示。

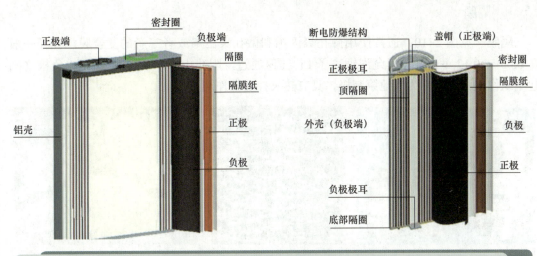

图 2-6　锂电池的基本结构

1. 正极

正极材料采用锂化合物 Li_xCoO_2（钴酸锂）、Li_xMnO_2（锰酸锂）、$LiFePO_4$（磷酸铁锂）、$Li(NiCoMn)O_2$（镍钴锰酸锂）三元材料等。通常正极基体材料（正极集流体）为铝箔，如图 2-7 所示。

2. 负极

负极材料多为锂离子嵌入碳化合物，有 PC（石油焦）、MCMB（中间相碳微球）、CF（碳纤维）、石墨、$LixC_6$（锂—碳层间化合物）、Li_3TiO_3（钛酸锂）等。为提高电池的输出电流，负极采用薄电极设计，负极基体材料（负极集流体）为铜箔，如同 2-8 所示。

图 2-7　正极基体材料

图 2-8　负极基体材料

3. 电解液

电解液（见图 2-9）是含锂盐的有机溶液，用于为离子运动提供运输介质，一般用 $LiPF_6$（六氟磷酸锂）、$LiAsF_6$（六氟合砷酸锂）等的混合溶液，形态有液体、胶体和固体。

4. 隔膜

隔膜（见图2-10）通常使用微孔聚丙烯和微孔聚乙烯或者二者的复合膜，孔径一般在 $0.03 \sim 0.12$ μm。隔膜允许锂离子 Li^+ 往返通过，阻止电子 e^- 通过，在正、负极之间起绝缘作用。隔膜称为电池第三极，具有热失控防护作用。

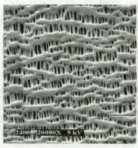

图2-9 锂电池电解液　　　　　　　图2-10 隔膜

隔膜的主要性能要求：

（1）厚度均匀性：纵向、横向。

（2）力学性能：抗穿刺强度、拉伸强度。

（3）透过性能：透气度、孔隙度。

（4）理化性能：润湿性和润湿速度、化学稳定性、热稳定性、安全保护性能。

（5）温度性能：闭孔温度、破膜温度。

5. 安全阀

圆柱形锂电池的安全阀主要由上盖帽、PTC过电流保护片、防爆半球面铝膜、密封圈、下底板等组成，如图2-11所示。安全阀的下底板一端与电池正极极耳焊接，是正极片与外部连接的过渡，另一端与防爆半球面铝膜点焊连接。

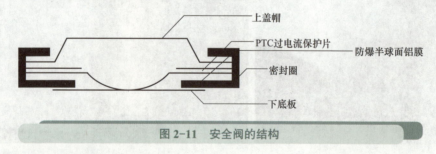

图2-11 安全阀的结构

（三）锂电池的工作原理

无论何种类型的锂电池，其基本工作原理是一样的。锂电池实际上是一种"浓差电池"，其工作原理如图2-12所示。

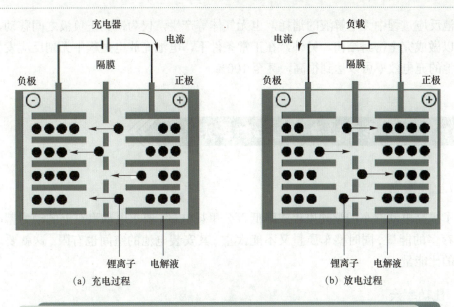

图 2-12 锂电池的工作原理

1. 充电过程

充电时，Li^+ 从正极脱嵌经过电解质嵌入负极，负极处于富锂态，正极处于贫锂态，同时电子的补偿电荷从外电路供给到碳负极，保持负极的电平衡。锂电池充电过程的化学反应如表 2-1 所示。

表 2-1 锂电池充电过程的化学反应

正极	$LiCoO_2 \rightarrow Li_{1-x}CoO_2 + xLi^+ + xe^-$
负极	$6C + xLi^+ + xe^- \rightarrow Li_xC_6$
总反应	$LiCoO_2 + 6C \rightarrow Li_{1-x}CoO_2 + Li_xC_6$

2. 放电过程

放电时，Li^+ 从负极脱嵌，经过电解质嵌入正极，正极处于富锂态，负极处于贫锂态。锂电池放电过程的化学反应如表 2-2 所示。

表 2-2 锂电池放电过程的化学反应

正极	$Li_xC_6 \rightarrow 6C + xLi^+ + xe^-$
负极	$Li_{1-x}CoO_2 + xLi^+ + xe^- \rightarrow LiCoO_2$
总反应	$Li_{1-x}CoO_2 + Li_xC_6 \rightarrow LiCoO_2 + 6C$

在正常充放电情况下，锂离子在层状结构的碳材料和层状结构氧化物的层间嵌入和脱出，一般只引起层间距变化。

在循环过程中，正极材料提供锂离子的源泉。锂电池充电时，锂离子从 $LiCoO_2$ 脱出，嵌入石墨层间参与反应过程，放电时与之相反。

电池反应过程中无电解液的消耗，也无气体等产生，仅为锂在正负极之间移动，所以电池可以做成完全密封结构。另外，在正常条件下，电池充放电过程中无副反应发生，所以锂电池的充电效率可以达到很高，甚至100%。

三、电动汽车对动力蓄电池的要求

1. 比能量高

为了提高电动汽车的续驶里程或降低百公里耗电量，要求电动汽车上的动力蓄电池尽可能储存多的能量，同时整车质量又不能太重，其安装电池的空间也有限，这就要求电池具有高的比能量。

2. 比功率大

为了能使电动汽车在加速行驶、爬坡能力和负载行驶等方面能与燃油汽车相竞争，就要求电池具有高的比功率。

3. 循环寿命长

循环寿命越长，则电池在正常使用周期内支撑电动汽车行驶的里程数就越多，有助于降低车辆使用期内的运行成本。

4. 均匀一致性好

电动汽车动力电池组是由若干个电池单体通过串联、并联、混联等方式组合构成。由于电池组的使用性能会受到性能差的单体电池的影响，在设计上要求各电池单体在容量、内阻、功率特性和循环特性等方面具有高度的均匀一致性。

5. 温度使用范围宽、环境友好性高

电动汽车作为一种交通工具，要求既能适应北方冬天极冷的气温，又能适应南方夏天炎热的气温，同时又能保持长期稳定地工作。对于电池而言，需要温度使用范围宽，同时环境友好性高。

6. 安全性好

动力蓄电池为电动汽车提供了高达300V以上的驱动供电电压，可能危及人身安全和车载电器的使用安全。动力电池要能够有效避免因泄漏、短路、撞击、颠簸等引起的起火或爆炸等危险事故发生，确保汽车在正常行驶或非正常行驶过程中的安全。

7. 价格低廉

材料来源丰富，制造成本低，以降低整车价格来提高电动汽车的市场竞争力。

8. 绿色、环保

当动力蓄电池报废时要求对电池进行可再回收利用，这就要求电池制作的材料与环境友好、无二次污染。

※ 小测试

1. 动力蓄电池分为哪几类？（　　）
   A. 化学电池　　　　　　　　B. 物理电池
   C. 生物电池　　　　　　　　D. 燃料电池
2. 比亚迪乘用车目前主要采用哪种电池？（　　）
   A. 铅酸电池　　　　　　　　B. 镍氢电池
   C. 磷酸铁锂电池　　　　　　D. 三元锂电池
3. 阐述锂电池充的放电过程。

任务二 动力蓄电池组

学习目标

1. 掌握动力蓄电池组的组合方式；
2. 熟悉动力蓄电池组常用系统技术。

一、动力蓄电池组的组合方式

一般情况下，将单体电池通过串联或并联构成一个电池模块，再将多个电池模块通过串联或并联的方式组合成动力蓄电池组（见图2-13）使用，以满足电动汽车对电压和电流的需要。

动力蓄电池组的组合方式有以下3种。

1. 串联

对于采用串联方式的蓄电池组，n个电池通过串联构成电池模块（简称nS），电池模块的电压为单体电池电压的n倍，而电池模块的容量为单体电池的容量。电池串联示意图如图2-14所示。

2. 并联

并联方式通常用于满足大电流的工作需要。m个单体电池通过并联构成电池模块（简称mP），电池模块的容量为单体电池容量的m倍，电池模块的标称电压为单体电池的标称电压。电池并联示意图如图2-15所示。

3. 混联

将串联和并联方式结合的混联方式能够满足电池模块既提供高电压又要有大电流放电的工作条件。"先串后并"还是"先并后串"取决于电池的实际需求，通常情况下，电池并联的工作可靠性高于串联。电池混联示意图如图2-16所示。

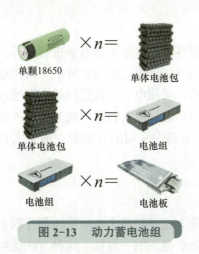

图2-13　动力蓄电池组

图2-14　电池串联示意图

图2-15　电池并联示意图

图2-16　电池混联示意图

二、动力蓄电池组系统技术

电池成组作为动力蓄电池系统生产、设计和应用的关键步骤，是连接上游电池生产与下游整车运用的核心环节，需要大量成熟技术的相互交叉与协作，其主要运用的动力蓄电池组系统技术包括电池组均衡控制策略等。

动力蓄电池组系统技术均衡控制电池组的主要方法有以下4种。

1. 并行平衡充电法

采用这种方法，电池组中每个单体电池都有独立的充电线路，实现各个单体电池的独立充电而互不干扰，但这种方法接线复杂且成本较高。

2. 并联开关法

采用这种方法，在充电回路中，每个电池单体都并联一个受控开关，当每节电池的电压高于其他电池时，对应的开关闭合使该节电池暂停充电，当其他电池的电压与它相同时才断开开关，恢复正常充电。这种方法的控制电路复杂且可靠性不高。

3. 能量转移均衡法

这种方法主要通过利用电感或电容储能元件，将各单体电池上的电量进行转移。在这种均衡方案中，均衡模块通过继电器或开关管组成的开关网络与电池组并联。采用电感的能量转移方案通过总充电电流的分流而实现能量转移，采用电容的能量转移方案通过开关切换将相邻两节电池中能量较高的一节向能量较低的转移。能量转移均衡法不额外消耗能量，是一种无损均衡方案，但采用这种均衡方案的电路中采用的开关管一般是大功率器件，存在驱动问题，同时控制电路也较为复杂。

4. 电阻并联均衡方案

这种均衡方案是一种能耗型均衡方案。具体实施方法是在每个电池单体都并联一个电阻，通过电池组内单体电池的自消耗放电来达到电池组电压的一致性。这种方法受均衡电阻发热的限制，一般均衡电流较小，充电电流较大时难以达到预期的均衡效果。

※ 小测试

1. 动力电池组的连接方式有哪些？（   ）
   A. 串联　　　　　　　　　　　　B. 并联
   C. 混联　　　　　　　　　　　　D. 以上均正确
2. 动力电池组系统技术均衡控制电池组的主要方法有哪些？（   ）
   A. 并行平衡充电法　　　　　　　B. 并联开关法
   C. 能量转移均衡法　　　　　　　D. 电阻并联均衡方案

任务三 蓄电池管理系统

学习目标

1. 掌握蓄电池管理系统的定义和基本功能；
2. 了解蓄电池管理系统的结构形式和结构组成；
3. 了解蓄电池管理系统的工作原理。

一、蓄电池管理系统的定义

在国家标准《电动汽车术语》（GB/T 19596—2017）中，蓄电池管理系统的定义为：可以控制蓄电池的输入功率和输出功率，监视蓄电池的状态（温度、电压、荷电状态），为蓄电池提供通信接口的系统。

蓄电池管理系统（见图2-17）作为电池和整车控制器及驾驶员沟通的桥梁，通过控制接触器控制动力蓄电池组的充放电，并向整车控制器上报动力蓄电池系统的基本参数及故障信息。

对于电动汽车而言，通过蓄电池管理系统对电池组的有效控制，可以达到增加续驶里程、延长使用寿命、降低运行成本的目的，并保证电池组应用的安全性和可靠性，它已经成为电动汽车不可缺少的核心部件之一。

图2-17 蓄电池管理系统

二、蓄电池管理系统的基本功能

蓄电池管理系统实时监测动力蓄电池电压、电流、温度等参数，根据检测参数进行热管理、电池均衡管理、荷电状态计算和电池健康状态诊断，充电过程中控制最佳充电电流，通过 CAN 总线接口与整车控制器、电动机控制器、车载显示系统等进行实时通信。蓄电池管理系统的基本功能如图 2-18 所示。

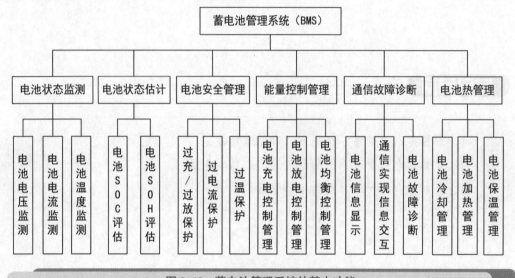

图 2-18　蓄电池管理系统的基本功能

（1）电池状态监测：电池管理系统通过对电池电压、电流、温度等数据的采集，实现对电池状态的实时监测。

（2）电池状态估计：电池状态估计包括电池组荷电状态（State of Charge，SOC）和电池组健康状态（State of Heath，SOH）两方面。SOC 用来提示动力电池组剩余电量，是计算和估计电动汽车续驶里程的基础。SOH 用来提示电池技术状态、预计可用寿命等健康状态的参数。

（3）电池安全管理：监视电池电压、电流、温度是否超过正常范围，防止电池组出现过充、过放、过温等情况，对电池实现安全状态管理。

（4）能源控制管理：能量管理主要包括以电流、电压、温度、SOC 和 SOH 为输入进行充电过程控制，以 SOC、SOH 和温度等参数为条件进行放电功率控制，在电池组各个电池之间设置均衡电路，实施均衡控制是为了使各单体电池充放电的工作情况尽量一致，提高整体电池组的工作性能。

（5）通信故障诊断：通过电池管理系统实现电池参数和信息与车载设备或非车载设备通信，实现电池信息显示、信息交互、故障诊断等。

（6）电池热管理：在电池工作温度超高时进行冷却，低于适宜工作温度下限时进行电池加热，使电池处于适宜的工作温度范围内，并在电池工作过程中保持电池单体间温度均衡。根据电池热管理的不同应用场合和功能，分为冷却系统、加热系统、保温系统。

三、蓄电池管理系统的结构与工作模式

1. 蓄电池管理系统的结构形式

（1）集中式结构：通过对电池组基本信息进行采样，在蓄电池管理系统中心处理单元内进行数据处理、计算、判断并进行相应的控制。

优点：计算灵活；

缺点：只能对电池组进行信号采集。

（2）分散式结构：通过对每个单体蓄电池进行采样、监控和计算，将计算或判断的结果发送到蓄电池管理系统中心处理器或直接通过总线传输到整车控制系统。

优点：可分散安装，采集数据可就近处理，精度有保证；

缺点：灵活性差，维修麻烦。

（3）集中—分散式结构：采取分散数据采集和集中数据处理的方式，分别设计电压、电流、温度采集电路，按照程序流程进行电池电压巡检和其他信号量的检测，最终通过中心控制器完成算法与控制功能。

优点：计算灵活，可分散安装，采集数据可就近处理，精度有保证；

缺点：系统可靠性差，抗干扰能力弱，反应速度慢。

2. 蓄电池管理系统的结构组成

蓄电池管理系统从结构性质上可分为硬件和软件。蓄电池管理系统的硬件包括主控盒（BCU）、从控盒（BMU）和高压盒等，还包括采集电压、电流、温度等数据的电子元器件，如图2-19所示。

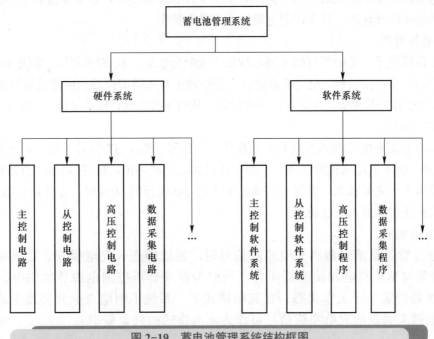

图2-19 蓄电池管理系统结构框图

3. 蓄电池管理系统的工作原理

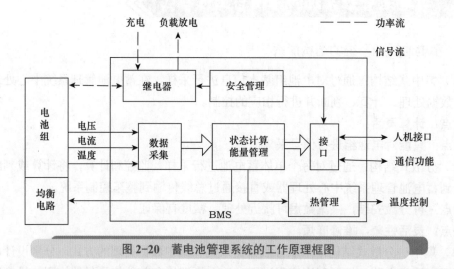

图 2-20 蓄电池管理系统的工作原理框图

蓄电池管理系统的主要工作原理可简单归纳为：数据采集电路采集电池状态信息数据后，由电控单元（ECU）进行数据处理和分析，然后电池管理系统根据分析结果对系统内的相关功能模块发出控制指令，并向外界传递参数信息。

4. 蓄电池管理系统的工作模式

蓄电池管理系统的工作模式，主要有下电模式、准备模式、放电模式、充电模式和故障模式五种。

1）下电模式

下电模式是整个系统的低压与高压处于不工作状态的模式。在下电模式下，所有高压接触器均处于断开状态，低压控制电源处于不供电状态。

2）准备模式

在准备模式下，系统所有的接触器均处于未吸合状态。在该模式下，系统可接受外界的点火开关、整车控制器、电动机控制器、充电插头开关等部件发出的硬线信号或受CAN报文控制的低压信号来驱动控制各高压接触器，从而使蓄电池管理系统进入所需工作模式。

3）放电模式

蓄电池管理系统监测到点火开关的高压上电信号（Key-ST信号）后，系统首先闭合B-接触器。由于电动机是感性负载，为防止过大的电流冲击，B-接触器闭合后即闭合预充接触器进入预充电状态；当预充两端电压达到母线电压的90%时，立即闭合B+接触器并断开预充接触器进入放电模式。

4）充电模式

蓄电池管理系统检测到充电唤醒信号时，系统即进入充电模式。在该模式下，B-接触器与车载充电器接触器闭合，同时为保证低压控制电源持续供电，直流转换器接触器仍需处于工作状态。在充电模式下，系统不响应点火开关发出的任何指令，充电插头提供的充电唤醒信号可作为充电模式的判定依据。

5）故障模式

故障模式是一种控制系统中常出现的状态。由于车用动力蓄电池的使用关系到用户的人身安全，因而系统对于各种相应模式总是采取"安全第一"的原则。蓄电池管理系统对于故障的响应还需根据故障等级而定，当其故障级别较低时，系统可采取报错或者发出报警信号的方式告知驾驶员；而当故障级别较高，甚至伴随有危险时，系统将采取断开高压接触器的控制策略。

※ 小测试

1. 蓄电池管理系统的基本功能是什么？

2. 蓄电池管理系统的工作模式有哪些？

3. 简单分析蓄电池管理系统的工作原理。

※ 综合测试

项目三
驱动电动机系统

- 任务一　驱动电动机系统概述
- 任务二　驱动电动机的结构与原理
- 任务三　电动机控制器的功能、结构与工作原理
- 任务四　驱动电动机冷却系统

任务一 驱动电动机系统概述

学习目标

1. 了解驱动电动机的种类及特点；
2. 了解驱动电动机的额定指标；
3. 了解电动汽车对电动机的要求。

一、驱动电动机简介

用于驱动车辆的电动机称为驱动电动机。其任务是在驾驶员的控制下，高效率地将蓄电池的电量转化为车轮的动能，或者将车轮的动能反馈到蓄电池中。高尔夫 GTE 上搭载的驱动电动机如图 3-1 所示。

驱动电动机的工作条件与一般工业电动机的有明显不同，体现在以下方面。

（1）驱动电动机的转速、转矩变化范围大。

（2）驱动电动机所处的使用环境恶劣。

（3）车载的能量有限。

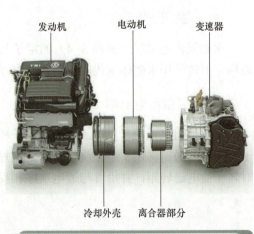

图 3-1 驱动电动机

二、驱动电动机的分类

按照结构和工作原理不同,目前的驱动电动机有直流电动机、交流异步电动机、永磁同步电动机、开关磁阻电动机等。

1. 直流电动机

直流电动机(见图3-2)通过定子绕组产生磁场,向转子绕组通入直流电,并在适应时候用换向装置对绕组内的电流进行换向,使转子绕组始终受到固定方向的电磁转矩。

2. 交流异步电动机

交流异步电动机(见图3-3)的定子绕组通入交流电产生旋转磁场,转子绕组切割磁力线产生感应电流,并在电磁转矩作用下而发生旋转。

图3-2 直流电动机

图3-3 交流异步电动机

3. 永磁同步电动机

永磁同步电动机(见图3-4)的定子与交流异步电动机的类似,通入交流电产生旋转磁场,但转子用永磁体取代电枢绕组,电动机转速与旋转磁场转速同步。

4. 开关磁阻电动机

开关磁阻电动机(见图3-5)的定子和转子都是凸电极结构,只有定子上有绕组,转子无绕组。通过向定子各绕组按一定次序通入电流,开关磁阻电动机内部产生磁场,此时转子受电磁转矩,并沿着与通电次序相反的方向转动。

图 3-4 永磁同步电动机

图 3-5 开关磁阻电动机

三、驱动电动机的额定指标

驱动电动机的额定指标是指根据国家标准及电动机的设计、试验数据而确定的额定运行数据,是电动机运行的基本依据。电动机的额定指标主要包括以下各项。

(1) 额定功率。额定功率是指在额定运行工况下,转轴所能输出的机械功率(单位为 W 或 kW)。

(2) 额定电压。额定电压是指外加于线端的电源线电压(单位为 V)。

(3) 额定电流。额定电流是指电动机额定运行(额定电压、额定输出功率)情况下电枢绕组(或定子绕组)的线电流(单位为 A)。

(4) 额定频率。额定频率是指电动机额定运行情况下电枢(或定子侧)的频率(单位为 Hz)。

(5) 额定转速。额定转速是指电动机额定运行(额定电压、额定频率、额定输出功率)情况下电动机转子的转速(单位为 r/min)。

四、电动汽车对电动机的要求

电动汽车在行驶过程中经常频繁地起动/停车、加速/减速等,这就要求电动汽车用电动机比一般工业用电动机的性能更高,基本要求如下。

(1) 电动机的运行特性要满足电动汽车的要求。在恒转矩区,要求低速运行时具有大转矩,以满足电动汽车起动和爬坡的要求;在恒功率区,要求低转矩时具有高的速度,以满足电动汽车在平坦的路面上能够高速行驶的要求。

(2) 电动机应具有瞬时功率大、带负载起动性能好、过载能力强、加速性能好、使用寿命长的特点。

（3）电动机应在整个运行范围内具有很高的效率，以提高一次充电的续驶里程。

（4）电动机应能够在汽车减速时实现再生制动，将能量回收并反馈给蓄电池，使得电动汽车具有最佳的能量利用率。

（5）电动机应可靠性好，能够在较恶劣的环境下长期工作。

（6）电动机应体积小、质量轻，一般为工业用电动机的 1/3～1/2。

（7）电动机的结构要简单、坚固，适合批量生产，便于使用和维护。

（8）电动机的价格应便宜，从而能够降低电动汽车的整体价格，提高性价比。

（9）电动机运行时要求噪声低，减少污染。

※ 小测试

1. 驱动电动机的特点是什么？

2. 驱动电动机有哪几种？

3. 电动汽车对电动机的要求有哪些？

任务二 驱动电动机的结构与原理

学习目标

1. 掌握驱动电动机的特点；
2. 了解直流电动机的基本结构、工作原理及特点；
3. 了解永磁同步电动机的基本结构、工作原理及特点；
4. 了解交流异步电动机的基本结构、工作原理及特点；
5. 了解开关磁阻电动机的基本结构、工作原理及特点。

一、驱动电动机综述

1. 驱动电动机的特点

电动汽车的驱动电动机通常要求能够频繁地起动/停车、加速/减速，低速或爬坡时要求高转矩、低转速，而高速行驶时则要求低转矩、恒功率，并要求变速范围大，因此驱动电动机应具有良好的转矩—转速特性。驱动电动机的转速与转矩的关系如图3-6所示。

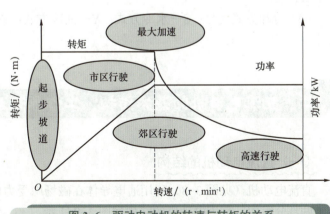

图3-6　驱动电动机的转速与转矩的关系

2. 驱动电动机的主要性能参数

（1）额定电压 U_N（V）：电动机在额定运行时，电动机定子绕组应输入的线电压值。

（2）额定电流 I_N（A）：电动机在额定电压下，电动机输出轴输出的机械功率为额定功率时，电动机定子绕组通过的线电流值。

（3）频率 f（Hz）：三相电流的频率。

（4）额定转速 r_N（r/min）：电动机在额定电压下，电动机输出轴输出的机械功率为额定功率时的电动机的转速。

（5）额定功率 P_N（kW）：电动机在额定状态运行时输出的机械功率。

（6）峰值功率 P_{max}（kW）：电动机在额定转速运行时，电动机输出轴输出的最大机械功率，峰值功率为额定功率的 2～3 倍。

（7）机械效率 μ_e：电动机消耗的电能与转换成机械动能之比。

（8）绝缘等级：电动机绕组所用的绝缘材料的耐热等级。

3. 驱动电动机的型号

驱动电动机的型号由驱动电动机类型代号、尺寸规格代号、信号反馈元件代号、冷却方式代号、预留代号 5 部分组成，如图 3-7 所示。

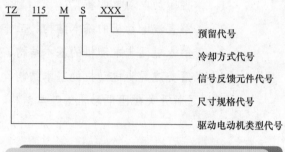

图 3-7 驱动电动机的型号示例

（1）驱动电动机类型代号：KC—开关磁阻电动机；TF—方波控制型永磁同步电动机；TZ—正弦控制型永磁同步电动机；YR—异步电动机（绕线式）；YS—异步电动机（鼠笼式）；ZL—直流电动机。其他类型驱动电动机的类型代号由制造商参照《旋转电机产品型号编制方法》（GB/T 4831—2016）进行规定。

（2）尺寸规格代号：一般采用定子铁芯的外径来表示，对于外转子电动机，采用外转子铁芯外径来表示。

（3）信号反馈元件代号：M—光电编码器；X—旋转变压器；H—霍尔元件。无传感器不必标注。

（4）冷却方式代号：S—水冷方式；Y—油冷方式；F—强迫风冷方式。自然冷却不必标注。

二、直流电动机的基本结构、工作原理与特点

（一）直流电动机的结构

直流电动机（见图 3-8）利用通电导体在磁场中受力的电磁原理制成，主要由定子和转子两部分组成。直流电动机的结构如图 3-9 所示。

图 3-8 直流电动机实物

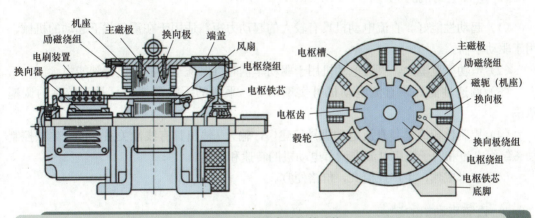

图 3-9 直流电动机的结构

（二）直流电动机的工作原理

直流电动机的工作原理如图 3-10 所示。其中，固定部分为 N、S 两个磁极，以及两个电刷 A、B。转动部分为电枢绕组 abcd，绕组两端分别与两个弧形换向片连接，两个换向片之间相互绝缘。换向片和电刷相接触，当电枢旋转时，电枢绕组通过换向片和电刷与外电路接通。当电枢绕组处于图 3-10（a）所示位置时，导体 ab 位于 N 极之下，电流方向为 a→b（向内），导体 cd 位于 S 极之上，电流方向为 c→d（向外）。根据左手定则，处于上部的导体 ab 在磁场中受到向左的电磁力，处于下部的导体 cd 在磁场中受到向右的电磁力，整个绕组受逆时针的电磁转矩作用而发生逆时针旋转。当绕组旋转 180°到达图 3-10（b）所示位置时，导体 cd 位于 N 极之下，由于换向片的作用，电流方向发生变化，即 d→c（向内），导体 ab 位于 S 极之上，电流方向为 b→a（向外），此时，处于上部的导体 cd 受到向左的电磁力，处于下部的导体 cd 受到向右的电磁力，整个绕组受到的电磁转矩依然是逆时针的，故保持逆时针旋转。

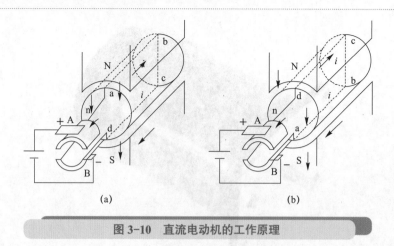

图 3-10 直流电动机的工作原理

（三）直流电动机的特点

1. 直流电动机的优点

（1）起动性能好。直流电动机具有较大的起动力矩，适用于在重负载下起动的机械，用于驱动车辆。

（2）恒功率范围大。直流电动机用于驱动车辆时可保证车辆的高速行驶能力。

（3）调速性能好。直流电动机可实现均匀、平滑的无级调速，且具有较宽的调速范围。

（4）控制比较简单。直流电动机易于建模，输入/输出具有线性关系，可以单独控制励磁绕组电流和转子绕组电流来调节电动机的转速和转矩。

（5）技术成熟，生产规模大，价格便宜。

2. 直流电动机的缺点

（1）换向器和电刷的存在引起转矩波动，并限制转速的升高。

（2）电刷带来摩擦与射频干扰。

（3）由于磨损和断裂，换向器和电刷需定期维护。

直流电动机的这些缺点使其可靠性较低且需经常维护，限制了它在车辆驱动方面的广泛应用。不过，由于低成本和易于控制，直流电动机在低功率电动车辆中仍然大量使用。

三、永磁同步电动机的结构、工作原理与特点

近些年，永磁同步电动机（见图 3-11）得到较快发展，在许多场合开始逐步取代常用的交流异步电动机。永磁同步电动机输入的是交流正弦波或近似正弦波，通过连续的转子位置反馈信号来控制转向，具有高效、高控制精度、高转矩密度、良好的转矩平稳性、低振动、低噪声等特点。永磁同步电动机可通过合理设计永磁磁路结构获得较高的弱磁性

能，在电动汽车驱动方面具有很高的应用价值。目前，永磁同步电动机受到国内外电动汽车界的高度重视，是极具竞争力的电动汽车驱动电动机系统之一。

图 3-11 永磁同步电动机

（一）永磁同步电动机的结构

永磁同步电动机分为正弦波驱动电流的永磁同步电动机和方波驱动电流的永磁同步电动机两种。这里主要介绍三相正弦波驱动的永磁同步电动机。

永磁同步电动机的结构如图 3-12 所示。

永磁同步电动机的定子与普通感应电动机的基本相同，由电枢铁芯和电枢绕组构成。电枢铁芯一般采用 0.5 mm 硅钢片叠压而成，对于具有高效率指标或频率较高的电动机，为了减少铁耗，

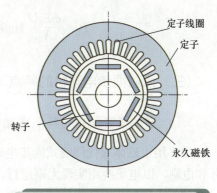

图 3-12 永磁同步电动机的结构

可以考虑使用 0.35 mm 的低损耗冷轧无取向硅钢片。电枢绕组普遍采用分布、短距绕组；对于极数较多的电动机，则普遍采用分数槽绕组；需要进一步改善电动势波形时，也可以考虑采用正弦绕组或其他特殊绕组。

（二）永磁同步电动机的工作原理

1. 电枢反应

永磁同步电动机带负载时，气隙磁场是永磁体磁动势和电枢磁动势共同建立的。电枢磁动势对气隙磁场有影响，电枢磁动势的基波对气隙磁场的影响称为电枢反应。电枢反应不仅使气隙磁场波形发生畸变，而且还会产生去磁或增磁作用，因此，气隙磁场会影响永磁同步电动机的运行特性。

对永磁同步电动机进行分析时，需要采用双反应理论，即需要把电枢电流和电枢电动势分解成交轴和直轴两个分量。交轴电枢电流产生交轴电枢电动势，发生交轴电枢反应；直轴电枢电流产生直轴电枢电动势，发生直轴电枢反应。

2. 电压方程式

忽略磁饱和效应的影响，永磁同步电动机的电压方程式为

$$U = E_0 + I_a R_a + jI_d X_d + jI_q X_q$$

式中，U 为电枢端电压；E_0 为励磁电动势；I_a 为电枢电流，$I_a = I_d + I_q$；I_d 为电枢电流在 d 轴的分量；I_q 为电枢电流在 q 轴的分量；R_a 为电枢绕组电阻；X_d 为直轴同步电抗；X_q 为交轴同步电抗。

$$P_1 = mUI_a\cos\varphi = \frac{mU[E_0(X_q\sin\theta - R_a\cos\theta) + R_a U + U(X_d - X_q)\sin 2\theta/2]}{R_a^2 + X_d X_q}$$

式中，θ 为电动机的功率角。

电动机的电磁功率为

$$P_e = P_1 - P_{Cua}$$

式中，P_{Cua} 为电动机的电枢绕组铜耗。

如果忽略电枢电阻的影响，则

$$P_e = \frac{mE_0 U}{X_d}\sin\theta + \frac{mU^2}{2}\left(\frac{1}{X_q} - \frac{1}{X_d}\right)\sin 2\theta$$

（三）永磁同步电动机的特点

1. 永磁同步电动机与其他电动机相比的优点

（1）用永磁体取代绕线式同步电动机转子中的励磁绕组，从而省去了励磁绕组、集电环和电刷，以电子换相实现无刷运行，结构简单、运行可靠。

（2）永磁同步电动机的转速与电源频率间始终保持准确的同步关系，控制电源频率就能控制电动机的转速。

（3）永磁同步电动机具有较硬的机械特性，对于由负载的变化而引起的电动机转矩的扰动具有较强的承受能力，瞬间最大转矩可以达到额定转矩的3倍以上，适合在负载转矩变化较大的工况下运行。

（4）永磁同步电动机的转子为永久磁铁，无须励磁，因此电动机可以在很低的转速下保持同步运行，调速范围宽。

（5）与异步电动机相比，永磁同步电动机不需要无功励磁电流，因而功率因数高，定子电流和定子铜耗小，效率高。

（6）永磁同步电动机体积小、质量轻。近些年来随着高性能永磁材料的不断应用，永磁同步电动机的功率密度得到很大提高，与同容量的异步电动机相比，体积和质量都有较大的减少，适合应用在许多特殊场合。

（7）永磁同步电动机结构多样化、应用范围广。永磁同步电动机由于转子结构的多样化，产生了特点和性能各异的许多品种，从工业到农业，从民用到国防，从日常生活到航空航天，从简单电动工具到高科技产品，几乎无所不在。

2. 永磁同步电动机的缺点

（1）由于永磁同步电动机的转子为永磁体，无法调节，必须通过加定子直轴去磁电流分量来削弱磁场，这会增大定子的电流，增加电动机的铜耗。

（2）永磁同步电动机的磁钢价格较高。

四、交流异步电动机的结构、工作原理与特点

交流异步电动机具有结构简单、坚固耐用、运行可靠、转矩平稳及转速高等优点。交流电动机矢量控制技术目前已比较成熟，逆变器成本也较以前大大下降，因此，交流异步电动机现在是高速电动车辆驱动电动机的主要类型。某款交流异步电动机如图3-13所示。

图 3-13 交流异步电动机

（一）交流异步电动机的结构

交流异步电动机的结构如图 3-14 所示。

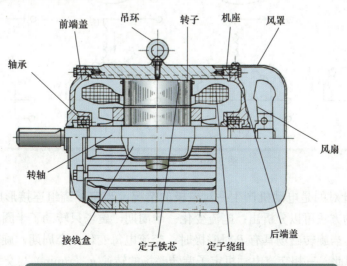

图 3-14 交流异步电动机的结构

(二)交流异步电动机的工作原理

1. 旋转磁场的产生

交流异步电动机的转子之所以会旋转、实现能量转换,是因为气隙内有一个旋转磁场。下面讨论旋转磁场的产生。若三相绕组连接成星形,在空间中彼此相隔 120°,末端 U_2、V_2、W_2 相连,首端 U_1、V_1、W_1 接到三相对称电源上,则在定子绕组中通过三相对称的电流 i_U、i_V、i_W。若电源的相序为 U、V、W,U 的初相角为零,则三相交流电波形如图 3-15 所示。

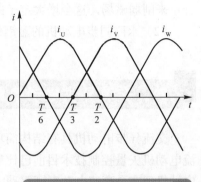

图 3-15 三相交流电波形

在 $t=0$ 时刻,U 相绕组内无电流,V 相绕组的电流为负值(电流从 V_2 流向 V_1),W 相绕组的电流为正值(电流由 W_1 流向 W_2)。根据右手螺旋定则,确定合成磁场,如图 3-16(a)所示,产生一对磁极(上部为 S 极,下部为 N 极)。

在 $t=T/6$ 时刻,U 相绕组的电流由 U_1 流向 U_2,V 相绕组的电流未变,W 相绕组内没有电流。合成磁场如图 3-16(b)所示,同 $t=0$ 瞬间相比,合成磁场沿顺时针方向旋转了 60°。

在 $t=T/3$ 时刻,合成磁场沿顺时针方向又旋转了 60°,如图 3-16(c)所示。$t=T/2$ 时刻与 $t=0$ 时刻相比,合成磁场共旋转了 180°。当电流变化一个周期时,磁场在空间转过 360°。可见,对称三相电流通入对称三相绕组所形成的合成磁场是一个随时间变化的旋转磁场。

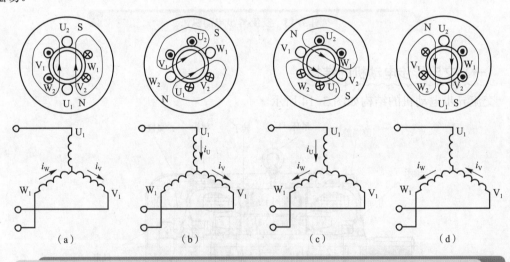

图 3-16 旋转磁场的产生

以上分析针对的是电动机产生一对磁极的情况,当定子绕组连接形成的是两对磁极时,运用相同的方法可以分析出:电流变化一个周期,磁场只转动了半圈,即转速减慢一半。由此类推,当旋转磁场具有 P 对磁极时,交流电每变化一个周期,旋转磁场就在空间转动 $1/P$ 转。因此,三相交流电动机定子旋转磁场的转速 n_1(r/min)与交流电频率 f(Hz)

及磁极对数 P 之间的关系为

$$n_1 = \frac{60f}{P}$$

2. 交流异步电动机的转动原理

图 3-17 为三相交流异步电动机的转动原理示意图。三相交流电通入定子绕组后，便在气隙形成了一个旋转磁场。旋转磁场的磁力线被转子导体切割，根据电磁感应原理，转子导体产生感应电动势。转子绕组是闭合的，转子导体有电流流过。设旋转磁场按顺时针方向以转速 n_1 旋转，且在某时刻上端为 N 极，下端为 S 极。旋

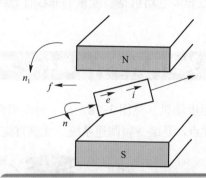

图 3-17　三相交流异步电动机的转动原理示意图

转磁场顺时针旋转，等效于磁场不动，转子导体逆时针方向切割磁力线。根据右手定则，上半部转子导体的电动势和电流方向由里向外，下半部的则由外向里。由于载流导体在磁场中要受到力的作用，用左手定则确定上、下转子导体所受电磁力的方向如右下图所示。电磁力对转轴形成的电磁转矩的作用方向与旋转磁场方向一致。如此，转子便按与旋转磁场相同的方向转动起来，转速为 n。

转子转速 n 总是小于旋转磁场转速 n_1，即 $n < n_1$。这是因为如果 $n = n_1$，则绕组与旋转磁场之间没有相对运动，导体也不切割磁力线，转子绕组导体中不产生感应电动势和电流，也不存在电磁力和电磁转矩，转子就不能继续旋转。$n < n_1$ 是交流异步电动机工作的必要条件，"异步"的名称也由此而来。

转差率 S 定义为旋转磁场转速 n_1 与转子转速 n 之差与同步转速之比，即

$$S = \frac{n_1 - n}{n_1}$$

转差率是异步电动机的一个基本参数，对分析电动机的运转特性有重要意义。在电动机起动瞬间，$n=0$，$s=1$；当电动机转速达到同步转速（理想空载转速，实际运行不可能达到）时，$n=n_1$，$s=0$。由此可见，异步电动机在运行状态下，转差率总在 0～1 之间，即 $0 < s < 1$。一般情况下，电动机在额定状态下运行时，$s=0.01$～0.05。

（三）交流异步电动机的特点

1. 交流异步电动机的优点

（1）结构简单、体积小、质量轻。在相同功率的条件下，交流异步电动机的质量约为直流电动机的一半。

（2）运行可靠，维护方便，使用寿命长。

（3）效率高于有刷直流电动机。

（4）由于技术成熟、应用广泛，目前已有大规模生产，故成本较低。

2. 交流异步电动机的缺点

（1）由于转子转速小于旋转磁场转速（存在转差率），因而交流异步电动机的调速性能较差，在要求有较宽广的平滑调速范围的使用场合，不如直流电动机经济、方便。

（2）运行时从电力系统吸取无功功率以建立磁场，因此功率因数较低。

（3）交流异步电动机是多变量的非线性系统，控制比较复杂。

五、开关磁阻电动机的结构、工作原理与特点

开关磁阻电动机（见图3-18）是一种新型调速电动机，调速系统兼具直流、交流两类调速系统的优点，是继变频调速系统、无刷直流电动机调速系统的最新一代无级调速系统。

图3-18 开关磁阻电动机

开关磁阻电动机的定子和转子都是凸极结构，只在电动机的定子上安装有简单的集中励磁绕组，励磁绕组的端部较短，没有相间跨接线，磁通量集中于磁极区，通过定子电流来励磁。各组磁路的磁阻随转子位置不同而变化，转子依靠磁引力来运转，转速可以达到15 000 r/min，在较宽的转速范围和较宽的转矩范围内效率可以达到85%～93%，比三相感应电动机要高，其转矩—转速特性好，在较宽的转速范围内，转矩、转速可灵活控制，调速控制较简单，并可实现四象限运行。

开关磁阻电动机适用于恶劣环境，非常适合作为电动汽车的驱动电动机使用，曾被专家预测为电动车领域的一匹"黑马"。

（一）开关磁阻电动机的结构

开关磁阻电动机是近年来开发出来的一种新型电动机，它的结构、工作原理与其他类型电动机有很大的不同。开关磁阻电动机主要由定子、转子、功率开关构成，如图3-19所示。

定子和转子均为成对的凸极结构，由硅钢片叠压而成。为了避免转子单边受磁拉力，转子和定子必须径向对称，因此它们的凸极的个数都为

图3-19 开关磁阻电动机的结构

偶数。定子凸极有集中绕组，径向相对的两个绕组串联成一个两级磁极，形成一相绕组。转子上无绕组。

（二）开关磁阻电动机的工作原理

开关磁阻电动机的工作遵循磁通总是沿磁阻最小路径闭合的原理。当定子、转子凸极中心线不重合时，磁场的磁力线是扭曲的，此时磁阻不是最小，这时磁场就会产生磁拉力，形成磁阻转矩，试图使相近的转子凸极旋转到与定子凸极中心线对齐（即磁阻最小）的位置。

开关磁阻电动机的工作原理如图3-20所示。定子绕组有A、B、C、D四相，图3-20只画出了其中的A相绕组。当只对B相绕组通电时，产生以BB′为轴线的磁场，此时转子凸极2与定子凸极B不对齐，磁阻并不是最小，为使磁路的磁阻最小，转子受磁阻转矩的作用而顺时针旋转，直到凸极2与定子凸极B相对。然后，切断绕组B的电流，只给绕组A通电流，产生以AA′为轴线的磁场，为使磁路磁阻最小，磁场产生的磁阻转矩使转子凸极1顺时针旋转至与定子凸极A相对。如此，定子绕组按B→A→D→C的顺序依次通电，转子将以顺时针方向旋转；若定子绕组按B→C→D→A的顺序依次通电，则转子将以逆时针方向旋转。可见，当向定子各相绕组依次通入电流时，电动机转子将持续地沿着通电相序相反的方向转动。如果改变定子各相的通电次序，则电动机也改变转向。注意，相电流通流方向的改变不会影响转子的转向。

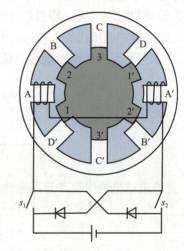

图3-20　开关磁阻电动机的工作原理

（三）开关磁阻电动机的特点

1. 开关磁阻电动机的优点

（1）电动机结构简单、成本低。由于转子上没有绕组，定子绕组的端部又很短，不但制造方便，而且绕组的发热量小、容易散热，其电磁负荷可以提高，电动机利用系数高，电动机制造成本大为降低了。

（2）功率变换电路简单、可靠。开关磁阻电动机的转矩是靠凸极效应产生的，与绕组所通电流的极性无关，通入每相绕组中的电流是单向电流，不需要交变。这样不但可使功率开关元件数量减半，而且可避免一般逆变器中最危险的上、下桥臂元件直通的故障，显著降低功率变换装置的成本，并提高了系统的安全可靠性。

（3）高起动转矩，低起动电流。由于起动过程中电流冲击小，电动机和控制器的发热量比连续额定运行时还小，故开关磁阻电动机适用于频繁起停、正反换向运行的场合。

（4）可控参数多，调速性能好。可通过控制相导通角、相切断角、相电流幅值、相绕组电压等参数来控制电动机的转速和转矩。

（5）由于转子无绕组，转动惯量小，具有较高的转矩/惯量比，故开关磁阻电动机适合于高速运行的场合。

2. 开关磁阻电动机的缺点

（1）转矩波动现象较严重。当电感增加时，产生电动机驱动转矩，反之则产生负转矩（即制动转矩）。每相只在半极距内产生正转矩，易产生转矩波动现象，增加电动机相数可减少转矩波动现象的发生。

（2）振动和噪声较大，特别是在负载运行的时候。

（3）电动机的绕组出线头较多，并且还有位置检测器的出线端。

（4）功率开关元件关断时会在电动机定子绕组端部及开关元件上产生较高的电压尖峰。

※ 小测试

1. 直流电动机的优缺点分别是什么？

2. 永磁同步电动机的优缺点分别是什么？

3. 交流异步电动机的优缺点分别是什么？

任务三 电动机控制器的功能、结构与工作原理

> **学习目标**
>
> 1. 掌握电动机控制器的功能；
> 2. 能正确描述电动机控制器的结构；
> 3. 了解电动机控制器的工作原理。

一、电动机控制器的功能

电动机控制器（MCU）是电动机系统的控制中心，可将输入的直流高压电逆变成频率可调的三相交流电，供配套驱动电动机使用；同时，对所有的输入信号进行处理，控制驱动电动机的运行状态，并将驱动电动机的运行状态发送给整车控制器（VCU）。电动机控制器内含功能诊断电路，当诊断电路诊断出异常时，电动机控制器将会激活一个错误代码，并将其发送给 VCU。电动机控制器如图 3-21 所示。

图 3-21 电动机控制器

电动机控制器具有 CAN 通讯功能、过流保护、过载保护、欠压保护、过压保护、缺相保护、能量回馈、限功率、高压互锁、故障上报等功能。电动机控制器技术目前比较成熟，它具有集成度高、功率密度高、寿命长、输出稳定等特点。

下面详细分析几个电动机控制器主要功能。

1. 状态检测功能

在电动机工作过程中,通过不同的传感器完成对驱动电动机运行状态信息的采集,实现对电动机状态的检测。

(1)检测电流:通过电流传感器采集电流信息,检测电动机工作的实际电流(包括母线电流、三相交流电流)。

(2)检测电压:通过电压传感器采集电压信息,检测供给电动机控制器工作的实际电压(包括动力电池电压、12 V 蓄电池电压)。

(3)检测温度:通过温度传感器采集温度信息,检测电动机控制系统的工作温度,包括 IGBT 模块温度、电动机控制器板载温度、电动机定子绕组温度。

(4)检测转速:利用旋变传感器采集位置和速度信息,检测电动机转子位置和转速。

2. 诊断功能

电动机控制器通过采集电流、电压、温度、绝缘及其他参数判断电动机和电动机控制器是否工作在安全范围内,如果超出这个范围,则将对电动机和电动机控制器采取保护措施并产生故障码发送至整车控制器。

3. 通信功能

电动机控制器的通信功能包括与整车控制器的通信、与其他器件的通信。电动机控制器的通信功能如图 3-22 所示。在电动机系统运行期间,电动机控制器需将电动机系统的运行状态实时地发送给整车控制器。

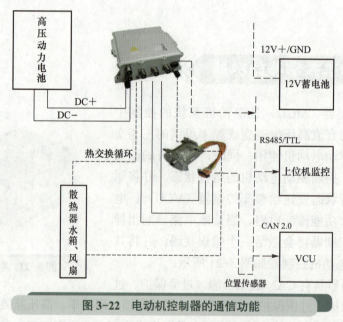

图 3-22 电动机控制器的通信功能

4. 制动能量回馈功能

整车控制器根据加速踏板和制动踏板的开度、车辆行驶状态信息及动力电池的状态信息(如 SOC)来判断某一时刻能否进行制动能量回馈。当整车刹车制动时,电动机控制器通过制动回馈将电能回收到动力电池中,提高续航里程。

5. 防溜坡功能

防溜坡功能是为了避免在坡道起步时,制动踏板向油门踏板切换的过程中车辆后溜。当发现车辆后溜时,电动机控制器进入防溜坡转态,控制器自动调整转矩输出克服车辆因重力引起的后溜。

二、电机控制器（MCU）结构组成

电机控制器的主要包括以下几部分组成：

1. 电子控制模块

一般包括硬件电路和相应的控制软件。硬件电路主要包括微处理器及其最小系统、对电机电流、电压、转速、温度等状态的监测电路、各种硬件保护电路，以及与整车控制器、电池管理系统等外部控制单元数据交互的通信电路。控制软件根据不同类型电机的特点实现相应的控制算法。

2. 驱动器

一般将微控制器对电机的控制信号转换为驱动功率变换器的驱动信号，并实现功率信号和控制信号的隔离。

3. 功率变换模块

功率变换模块实现对电机电流进行控制，电动汽车经常使用的功率器件有大功率晶体管、门极可关断晶闸管、功率场效应管、绝缘栅双极晶体管以及智能功率模块等。

三、电动机控制器的工作原理

整车控制器根据车辆运行的不同情况（包括车速、挡位、电池 SOC 值），决定电动机输出转矩/功率。当电动机控制器从整车控制器得到转矩输出命令时，将动力蓄电池提供的直流电转化成三相正弦交流电，驱动电动机输出转矩，通过机械传输来驱动车辆。

驱动电动机系统的工作模式主要分为驱动电动机系统驱动模式和驱动电动机系统发电模式两种。

1. 驱动电动机系统驱动模式

当驱动电动机系统以驱动电动机系统驱动模式驱动时，动力蓄电池提供的直流电经高压分配器到电动机控制器，电动机控制器中的逆变器将直流电转换为电压频率可调的三相交流电，供给驱动电动机，驱动电动机将电能变为动能驱动车轮运行。其控制过程如图 3-23 所示。

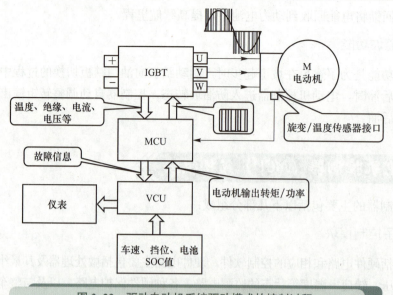

图 3-23　驱动电动机系统驱动模式的控制过程

2. 驱动电动机系统发电模式

当驱动电动机系统以驱动电动机系统发电模式再生制动（能量回馈）时，电动机做发电机运行，把动能变成电能产生三相交流电，逆变器将三相交流电变为直流电，经高压分配器反馈回动力蓄电池，既节约了电能又减少了制动片的磨耗。其控制过程如图 3-24 所示。

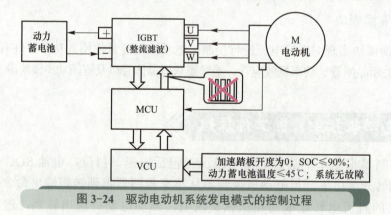

图 3-24　驱动电动机系统发电模式的控制过程

※ 小测试

1. 电动机控制器的功能是什么？

2. 电动机控制器的工作原理是什么？

任务四 驱动电动机冷却系统

学习目标

1. 掌握驱动电动机冷却系统的功能；
2. 能正确描述驱动电动机冷却系统的结构；
3. 了解驱动电动机冷却系统的工作原理。

一、驱动电动机冷却系统的功能

驱动电动机系统中的驱动电动机和电动机控制器在运行过程中会产生大量的热量，这些热量会对驱动系统的正常工作和使用寿命造成不良影响。电动机在运行过程中产生的热量对电动机的物理、电气和力学特征有重要影响，当温度上升到一定程度时，电动机的绝缘材料会发生本质变化，最终使其失去绝缘能力；另外，随着电动机温度的升高，电动机中的金属构件的强度、硬度也会逐渐下降。

由电子元器件构成的电动机控制器同样会由于温度过高而导致电子元器件性能下降，出现不利影响，例如，温度过高会导致半导体结点、电路损害，增加电阻，甚至烧坏元器件。为保证驱动电动机系统在运行过程中所产生的热能能够及时散发出去，需要对电动机驱动系统中的驱动电动机和电动机控制器进行冷却，以确保它们在适宜的温度范围内工作，这就需要用到驱动电动机冷却系统，如图3-25所示。

图3-25 驱动电动机冷却系统

二、驱动电动机冷却系统的结构

驱动电动机冷却系统有风冷和水冷之分,以空气为冷却介质的冷却系统称为风冷系统,以冷却液为冷却介质的冷却系统称为水冷。

1. 电动水泵

电动水泵主要由电动机壳体、电刷架、电刷、转子、永久磁铁、水泵底盖、水泵叶轮、水泵外壳组成。电动水泵的组成及安装位置如图3-26所示。电动水泵的功能是对冷却液加压,保证其在冷却系统中循环流动。电动水泵是整个冷却系统唯一的动力元件,负责为冷却液的循环提供机械能。电动水泵的电动机带动叶轮旋转时,水泵中的冷却液在离心力作用下被甩到叶轮外缘,叶轮外缘压力升高,冷却液便从出水口甩出。

2. 散热器

散热器是电动汽车冷却系统的一部分,根据散热器的结构形式可分为直流型和横流型两类,北汽EV200的散热器属于横流型。散热器主要由左储水室、右储水室、散热器翼片、散热器芯、进水管接口、出水管接口、放水螺塞及溢流管接口等部件组成,如图3-27所示。

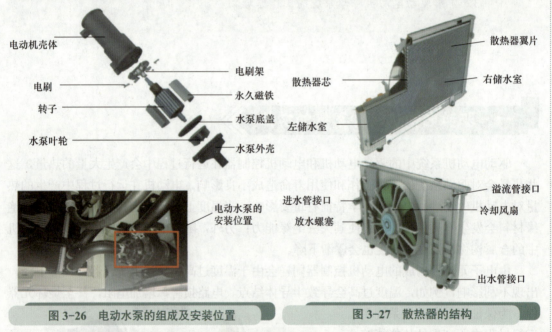

图3-26 电动水泵的组成及安装位置　　图3-27 散热器的结构

空气从散热器芯外面通过,冷却液在散热器芯内流动,冷空气将冷却液散在空气中的热量带走,因此散热器实质上是一个热交换器。

3. 电动风扇

电动风扇位于散热器的内侧,主要由冷却风扇、导热罩和电动机等部件组成。电动风扇用来提高通过散热器芯的空气流速,增强散热器的散热能力,加速冷却液的冷却。电动风扇是由整车控制器控制的,驱动电动机和电动机控制器的温度都会影响电动风扇的转速。

驱动电动机的温度传感器将驱动电动机温度传送给整车控制器，当电动机的温度在 45 ℃～50 ℃之间时，整车控制器控制冷却风扇低速起动；当驱动电动机温度高于 50 ℃时，整车控制器控制冷却风扇高速起动；当驱动电动机温度降至 40 ℃时，整车控制器控制冷却风扇停止工作。

电动机控制器的温度传感器将电动机控制器散热基板的温度信号传送给整车控制器，当电动机控制器散热基板的温度不小于 75 ℃时，整车控制器控制冷却风扇低速起动；当电动机控制器散热基板温度不小于 80 ℃时，整车控制器控制冷却风扇高速起动；当电动机控制器散热基板温度降至 75 ℃时，整车控制器控制冷却风扇停止工作。

三、驱动电动机冷却系统的工作原理

驱动电动机系统冷却系统使用电动水泵提高冷却液的压力，强制冷却液在电动水泵、驱动电动机、电动机控制器、散热器之间循环流动，换句话说，就是驱动电动机系统采用强制循环式水冷却，由电动水泵提供循环动力。

电动水泵将储液罐中的冷却液泵入电动机控制器，冷却液对电动机控制器进行冷却后从出水口流入驱动电动机外壳水套，吸收驱动电动机的热量后，冷却液随之升温，随后冷却液从驱动电动机的出水口流出经过冷却管路流入散热器，在散热器中通过流过散热器周围的空气散热而降温，最后冷却液经散热器出水软管返回电动水泵进行往复循环，如图 3-28 所示。

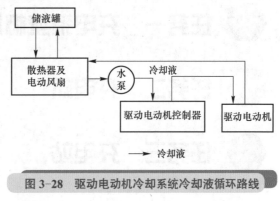

图 3-28　驱动电动机冷却系统冷却液循环路线

※ 小测试

1. 驱动电动机冷却系统的功能是什么？
2. 驱动电动机冷却系统的工作原理是什么？

※ 综合测试

项目四
充电系统

- 任务一　充电系统概述
- 任务二　充电机
- 任务三　充电站

任务一 充电系统概述

学习目标

1. 了解电动汽车充电系统的基本概念；
2. 熟知电动汽车的慢速充电系统；
3. 熟知电动汽车的快速充电系统。

一、电动汽车充电系统概述

电动汽车充电系统（见图4-1）是维持电动汽车运行的能源补给设施，是从供电电源提取能量对动力电池充电时使用的有特定功能的电力转换装置。电动汽车充电系统主要包括慢速（交流）充电系统和快速（直流）充电系统。

图4-1 电动汽车充电系统

电动汽车对充电系统的基本要求如下。
（1）安全性：包括人员的人身安全和动力蓄电池的安全。

（2）易用性：具有较高的智能性，不需要操作人员过多干预充电过程。

（3）经济性：价格低廉、性能优异的充电设备有助于降低整个电动汽车的制造成本，促进电动汽车的商业化推广。

（4）高效性：高效率是对现代电动汽车充电系统的重要要求之一。

（5）低污染性：采用电力电子技术的充电设备是一种高度非线性的设备，会对供电网及其他供电设备产生有害的谐波污染，而且由于充电设备功率因数低，在充电系统负载增加时，对供电网的影响也不容忽视。

二、蓄电池的充电方法

蓄电池的充电方法分为常规充电和快速充电两大类。

（一）常规充电

1. 恒压充电

恒压充电是指在充电过程中充电电压保持不变的充电方法。恒压充电特性曲线如图4-2（a）所示。刚开始充电时，由于电池电动势小，故充电电流大，对电池的使用寿命有不利影响；在充电中后期，电池电动势增加，充电电流小，会造成电池长期充电不足，对电池寿命造成不利影响。

恒压充电的优点是充电时间较短；缺点是不易使电池完全充足电，充电初期的大电流对电池寿命不利。

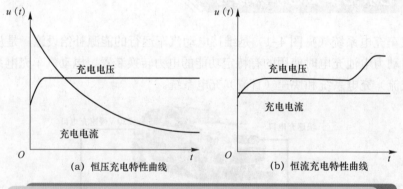

图4-2　恒压充电特性曲线与恒流充电特性曲线

2. 恒流充电

恒流充电是指在充电过程中充电电流保持一个较小的恒定值的充电方法，通过调整充电装置输出电压或改变与蓄电池串联的电阻的方式来实现充电电流的恒定。恒流充电的特性曲线如图4-2（b）所示。恒流充电方法控制简单，但由于电池可接受的充电电流是随着充电的进行而逐渐下降的，在充电后期，充电电能不能完全有效地转变成化学能，有一部分转变成热能散发掉了。

恒流充电的优点是电池容量可得到充分利用，充电效率高，有利于延长电池的使用寿命；缺点是充电时间长。

3. 阶段充电法

阶段充电法为恒流充电方法和恒压充电方法的组合，如先恒流后恒压充电、多段恒流充电、先恒流再恒压最后再恒流充电的方法等。常用的阶段充电法为先恒流再恒压的充电方法，铅酸电池和锂电池常采用这种方式。

（二）快速充电

缩短电池的充电时间是提高电动汽车使用方便性的重要一环，通过改进电池结构以降低内阻和提高反应离子的扩散速率，可以缩短电池充电时间，此外，人们也一直在研究快速充电的方法。快速充电的本质是通过提高充电电流或充电电压来加快电池的化学反应速率，提高充电的速度。但是，快速充电的速率是有上限的，过高的充电速率会造成电池内部压力上升、温度上升、电池内阻增加等现象，这不仅会缩短电池的使用寿命，而且会使电池可充入容量下降。因此，快速充电的策略是在整个充电过程中，充电电流不超过可接受充电电流但又尽可能接近它。

三、蓄电池的充电方式

蓄电池的充电方式主要有常规充电方式、快速充电方式、更换电池充电方式、无线充电方式和移动式充电方式。

1. 常规充电方式

常规充电方式采用恒压、恒流的传统充电方式对电动汽车进行充电，相应的充电器的工作和安装成本相对比较低。电动汽车家用充电设施（车载充电机）和小型充电站多采用这种充电方式。车载充电机是电动汽车的一种最基本的充电设备，如图4-3（a）所示。小型充电站是电动汽车的一种最重要的充电方式，如图4-3（b）所示，充电站一般设置在街边、超市、办公楼、停车场等处。

（a）车载充电机

（b）小型充电站

图4-3 常规充电方式

2. 快速充电方式

快速充电也称为迅速充电或应急充电，其目的是在短时间内给电动汽车充满电，充电时间应该与燃油车的加油时间接近。大型充电站（机）多采用这种充电方式，如图4-4所示。

图4-4 快速充电方式

3. 更换电池充电方式

更换电池充电方式（见图4-5）采用更换动力蓄电池的方法迅速补充车辆电能，更换动力蓄电池可在10 min以内完成，理论上无限提升了车辆续驶里程。

4. 无线充电方式

电动汽车无线充电方式（见图4-6）是利用无线电能传输技术对蓄电池进行充电的一种新型充电方式，主要有感应式、谐振式和微波无线电能传输3种形式。感应式无线充电结构是松散耦合结构，相当于可分离变压器；谐振式无线电能传输方式利用近场电磁共振耦合，可以实现电能中距离有效传输；微波无线电能传输方式是一种远场辐射型能量传输方式，由于其传输效率很低，而且容易对人体产生危害，因此不宜用于电动汽车无线充电。

图4-5 更换电池充电方式　　　　图4-6 无线充电方式

5. 移动式充电方式

对于电动汽车蓄电池而言，最理想的情况是电动汽车在路上巡航时充电，即移动式充电。这样，电动汽车用户就没有必要去寻找充电站、停放车辆并花费时间去充电了。移动式充电系统埋设在路面之下，即充电区，不需要额外的空间。

四、慢速充电系统

慢速充电系统通过慢速充电线束（家用慢速充电线束、充电桩慢速充电线束）与220 V家用交流插座或交流充电桩相连为动力蓄电池进行充电；慢速充电系统将220 V交流电转化为直流电，以实现动力蓄电池的电能补给。

（一）慢速充电系统的构成

慢速充电系统主要由供电设备（交流充电桩或家用交流电源）、车载充电机、慢充充电口、充电枪、高压控制线束、低压控制线束、高压控制盒、动力蓄电池、整车控制器等部件组成。

（二）慢速充电的工作原理

1. 慢速充电系统对充电条件的要求

慢速充电系统对充电条件的要求如下。
（1）充电线连接确认信号正常。
（2）充电机供电电源（包括220 V和12 V）正常，充电机工作正常。
（3）充电唤醒信号输出正常（12 V）。
（4）充电桩、整车控制器、电池管理系统之间通信正常。
（5）动力蓄电池电芯温度在5 ℃～45 ℃之间。
（6）单体电池最高电压与最低电压差小于0.3 V。
（7）单体电池最高温度与最低温度差小于15 ℃。
（8）绝缘性能大于20 MΩ。
（9）实际单体最高电压不大于额定单体电压0.4 V。
（10）高、低压电路连接正常。

2. 慢速充电系统的工作原理

慢速充电系统的工作原理如图4-7所示。交流充电桩（或家用16 A供电插座）提供的交流电经车载充电机整流、滤波、升压后转换为高压直流电压，通过高压控制盒连接到动力蓄电池。

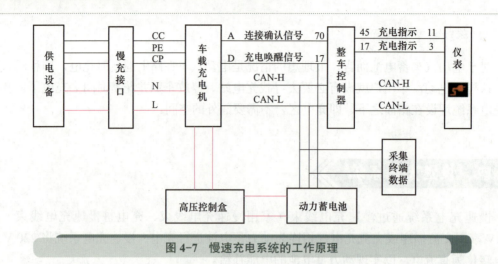

图 4-7　慢速充电系统的工作原理

五、快速充电系统

1. 快速充电系统的构成

快速充电系统主要由快速充电桩（直流充电桩）、快充接口、高压控制盒、动力蓄电池、整车控制器、高压控制线束和低压控制线束等组成。

2. 快速充电系统的工作原理

快速充电系统的工作原理如图 4-8 所示。

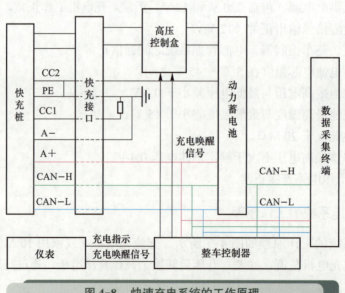

图 4-8　快速充电系统的工作原理

六、快充与慢充系统的对比

（1）结构不同。慢充充电系统供电端为高压交流电，它需要车载充电机将高压交流电转换为高压直流电，再由高压配电盒去分配，而快充充电系统供电端直接为高压直流电，中间不需要车载充电机转换电流，因此它们结构上的区别在于有无车载充电机这个部件。

（2）特点不同。快充和慢充在特点上有鲜明的对比，比如快充充电时间快，但由于充电电压高、充电电流过大，对电池寿命影响大；慢充充电时间长，但充电电流小，对电池寿命影响小，可以利用峰谷电低峰时进行充电，这样就大大降低了充电成本。

（3）充电枪孔不同。对于交流充电和直流充电两种充电方式的充电枪来说，按照国家标准，快充充电枪端口为9孔，慢充充电枪端口为7孔，如图4-9所示。

(a) 快充口（9孔）　　　　　　　　(b) 慢充口（7孔）

图4-9　充电枪孔

※ 小测试

1. 电动汽车对充电系统的基本要求是什么？

2. 蓄电池的充电方法有哪两类？

3. 电动汽车的充电方式有哪几种？

4. 请分析慢充充电系统的能量流动。

5. 请分析快充充电系统的能量流动。

任务二 充电机

学习目标

1. 掌握充电机的分类；
2. 了解车载充电机的功能与结构；
3. 了解车载充电机的充电过程。

一、充电机的分类

常见的充电机类型有车载充电机、地面充电机、感应式充电机。

1. 车载充电机

车载充电机固定安装在电动汽车上，当需要充电时通过电缆与地面交流电源连接完成充电，如图 4-10 所示。由于只需将车载充电机的插头插接到停车场或其附近的交流电源插座上或专用的充电桩上即可进行充电，因此车载充电机又称交流充电机。其安装位置如图 4-11 所示。

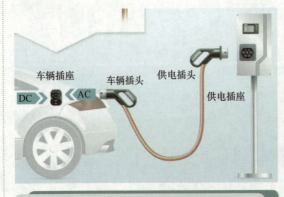

图 4-10 车载充电机与充电电源连接

图 4-11 车载充电机的安装位置

2. 地面充电机

地面充电机又称直流充电机，是采用直流充电模式为电动汽车动力蓄电池总成进行充电的充电机。

提示：直流充电模式是指以充电机输出的可控直流电源直接对动力电池总成进行充电。

地面充电机充电连接示意图如图 4-12 所示。

图 4-12　地面充电机充电连接示意图

3. 感应式充电机

感应式充电机利用电磁感应耦合方式向电动汽车传输电能，感应式充电机与电动汽车之间没有实际的物理连接。感应式充电机的充电原理如图 4-13 所示。

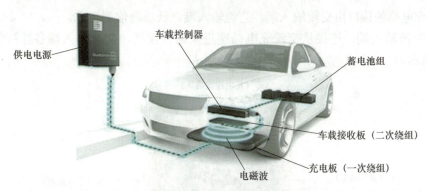

图 4-13　感应式充电机的充电原理

二、车载充电机的功能

车载充电机采用了高频开关电源技术，主要功能是将交流 220 V 市电转换为高压直流电给动力蓄电池进行充电，保证车辆正常行驶。另外，车载充电机还提供了相应的保护功能，包括过电压、欠电压、过电流、欠电流等多种保护措施，当充电系统出现异常，车载充电机会及时切断供电。车载充电机需要协调充电桩、电池管理系统等部件来实现充电。

总体来说，车载充电机的供电功能如图4-14所示。

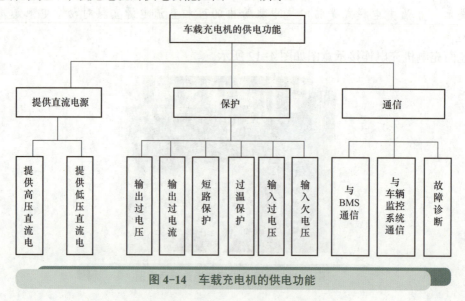

图4-14 车载充电机的供电功能

三、车载充电机的接口

车载充电机的接口由交流输入端、直流输入端、低压通信端组成。

（1）交流输入端：连接从交流充电插座进来的插接器。交流输入端各针脚的含义如图4-15所示。

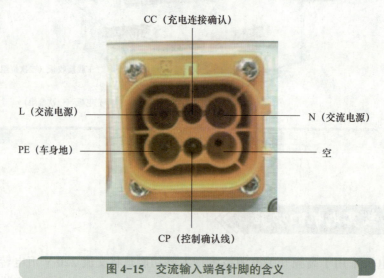

图4-15 交流输入端各针脚的含义

（2）直流输出端：车载充电机输出到电池的部分。直流输出端各针脚的含义如图4-16所示。

图4-16　直流输出端各针脚的含义

（3）低压通信端：车载充电机与电池管理系统和外部连接的低压接口。低压通信端各针脚的含义如图4-17所示，底端一排从右向左分别为针脚1～8，上端一排从右向左分别为针脚9～16。

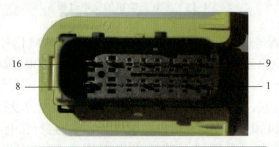

图4-17　低压通信端各针脚的含义

1脚—新能源CAN-L；2脚—新能源CAN-GND；5脚—互锁输出（到高压盒低压插件）；8脚—GND；9脚—新能源CAN-H；11脚—CC信号输出；13脚—互锁输入（到空调压缩机低压插件）；15脚—12V+ OUT；16脚—12V+IN

四、车载充电机的充电过程

利用车载充电机对电动汽车进行充电的过程如下。

（1）将车辆插头和插座插合后，车辆的总体设计方案可以自动启动某种触发条件，通过互锁或者其他控制措施使车辆处于不可行驶状态。

（2）电动汽车车辆控制装置通过测量图4-18中的检测点3与PE之间的电阻值，判断车辆插头与车辆插座是否已完全连接。

（3）在操作人员对供电设备完成充电起动设置后，如供电设备无故障，并且供电接口已完全连接，则闭合S_1，供电控制装置发出PWM信号，电动汽车车辆控制装置通过测量图4-18中的检测点2的PWM信号，判断充电连接装置是否已完全连接。

（4）在电动汽车和供电设备建立电气连接及车载充电机完成自检后，通过测量图4-18中的检测点2的PWM信号确认充电额定电流值；车载充电机给电动汽车的车辆控制装置发送充电感应请求信号,同时或延时后给车辆控制装置供电;根据充电协议进行信息确认,若需充电则电动汽车的车辆控制装置发送需充电报文并控制充电接触器闭合,车载充电机按所需功率输出。

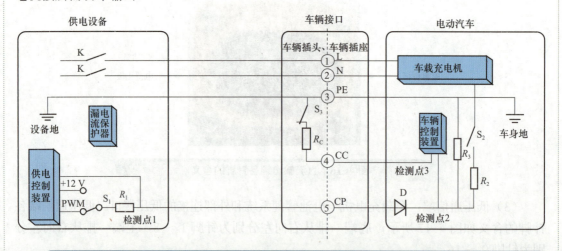

图 4-18　车载充电机的充电过程

（5）车辆控制装置通过判断图 4-18 中的检测点 2 的 PWM 信号占空比确认供电设备当前能提供的最大充电电流值;车辆控制装置对供电设备、充电连接装置及车载充电机的额定输入电流值进行比较,将其最小值设定为车载充电机当前最大允许输入电流;当判断充电连接装置已完全连接,并完成车载充电机最大允许输入电流设置后,车辆控制装置控制图 4-18 中的 K3、K4 闭合,车载充电机开始对电动汽车进行充电。

（6）在充电过程中,车辆控制装置可以对图 4-18 中的检测点 3 的电压值及 PWM 信号占空比进行监测,供电控制装置可以对图 4-18 中的检测点 1 的电压值进行监测。

（7）在充电过程中,当充电完成或者因为其他原因不满足充电条件时,车辆控制装置向车载充电机发出充电停止信号,车载充电机停止直流输出、CAN 通信和低压辅助电源输出。

※ 小测试

1. 充电机一般分为哪几类?

2. 车载充电机的功能是什么?

3. 简述车载充电机的充电过程。

任务三 充电站

学习目标

1. 掌握充电站的功能与组成；
2. 了解充电站的布置；
3. 了解电动汽车对充电站的需求。

一、充电站的功能与组成

充电站是指具有特定控制功能和通信功能的将电能传送到电动汽车的设施总称。它能够以快充或慢充方式对电动汽车进行充电。充电站主要由供配电设施、充电机、监控系统、安全防护设施和其他配套设施等组成，公共充电站还应包括营业场所。

电动汽车的充电站如图4-19所示。

图4-19 电动汽车的充电站

充电站的基本功能应包括供配电、充电、充电过程和配电设备监控、计量、站内设备管理和通信等，扩展功能包括计费。

二、充电站的布置

1. 充电站的总体布置

充电站总体布置应满足便于电动汽车的出入和充电时停放，保障站内人员及设施的安全。

具体有以下要求：充电区的入口和出口应至少有两条车道与站外道路连接，充电站应设置缓冲距离或缓冲地带便于电动汽车的停发和进出；充电区单车道宽度不应小于 3.5 m，双车道宽度不应小于 6 m；转弯半径不应小于 9 m，道路坡度不应大于 6%，且坡向站外；充电设施应靠近充电区停车位设置，电动汽车在停车位充电时不应妨碍站内其他车辆的充电与通行；充电区应考虑安装防雨设施，以保护站内充电设施、方便进站充电的电动汽车驾乘人员。

2. 充电站的电气设备布置

充电站的电气设备布置应遵循安全、可靠、适用的原则，并便于安装、操作、搬运、检修、试验。

具体有以下要求：充电机、监控室、营业厅应布置在建筑物首层，高压开关柜、变压器、低压开关柜等宜布置在建筑物首层；变压器、高压开关柜、低压开关柜、充电机及监控装置宜安装在各自的功能房间，以利于电气设备的运行、便于维护和管理；当成排布置的低压开关柜长度大于 6 m 时，柜后应有两个出口通道。当两个出口之间的距离大于 15 m 时，其间应增加出口；当条件有限时，低压开关柜与充电机可安装在同一房间，或将变压器与低压开关柜设置在同一房间，但变压器应选用干式。当条件有限时，变配电设施与充电机可设置在户外组合式成套配电站中，其基础应适当抬高，以利于通风和防水；变压器室不宜与监控室贴邻布置或位于其正下方，不能满足这一条件时应采取防止电磁干扰措施。

三、电动汽车对充电站的需求

1. 充电站对电网的需求

1）直充站对电网的需求

有多大输出功率就需要多大输入功率，由于充电站的充电功率比较大，一般每路达 100 kW，拥有 10 多个快速充电枪的大型综合充电站需要近 2000 kW 的高压专线输入功率，拥有 4 路充电枪的小型充电站至少需要 500 kW 的新增变压器，即使安装 1 路 100 kW 输出功率的快速充电桩，一般单位也难以承受（路边单位多数为中小企事业和机关单位，富裕电功率不多）。

对电动汽车进行快速充电的功率是间歇的,充电时为全功率(100 kW)输出,不充电时不用,充电时间也不确定,但高压线、变压器、充电站内设备和场地等众多资源需时刻准备着,资源浪费严重。

2)储能充电站对电网的需求

储能充电站可以使用较小的输入功率,平时可以连续使用小功率电能进行蓄电,需要时以储能蓄电池为主向电动汽车提供快速充电功率,电动汽车较少时,可以利用夜间低谷电能,电动汽车较多时,随用随充,这样电网的利用率非常高,电网电能输出功率小而连续。这样投入 500 kW 电力就可以实现 2 000 kW 以上输出效果的大型充电站,基本不用架设专用充电专线,可以节省大量建网资金。

如果建设具有总功率为 500 kW 的 4 路小型快速充电站,则完全不用架设专线,部分地段甚至不用增加变压器,利用现有变压器即可。夜间使用 100 kW 低谷电力充电,电动汽车较少时,可完全使用蓄电池电能,电动汽车较多时,在白天可适当补充 20～50 kW 的充电电力。

2. 电动汽车不同阶段对充电站的需求

1)早期示范期阶段要求(2010—2012 年)

此阶段电动汽车数量逐步增加到数千辆规模。此阶段电动汽车用户较少且居住分散,加上电动汽车行驶里程较短、车多拥挤等因素,充电站的服务半径一般不宜超过 5 km。大型充电站因投资过大、用地较多等因素,每个中心城市设 1～2 个即可,主要起到市场引导和功能实验的目的。

基于此阶段的现状"车辆较少,用户分散",充电站以市内运营服务为主,除设置小区专用慢速充电桩外,需要在经常停车的地区设置部分直流充电桩,以城市大小,设置 100～300 个直流充电桩基本可以满足初期购买电动汽车用户的出行需要。设置 10～20 个小型储能充电站可以进一步扩大电动汽车的出行范围和充电便捷性,也可满足部分公务用车的应急充电需要,同时为下一阶段批量采用获得运行经验和数据。

2)中期上升期阶段要求(2013—2020 年)

此阶段电动汽车数量逐步增加到数万辆以上规模。此阶段电动汽车的数量明显上升,对充电站(桩)的数量和设置位置提出了更高的要求,除相应的交流充电桩增多外,在每个超市、停车场、办公楼、小区中型单位等场所至少配置一个直流充电桩,中心城市至少要配置 1 000～2 000 个直流充电桩。

城市在变大,用户居住更分散,此阶段省级中心城市的小型快速充电站将达到数十个以上。

3)远期成熟期阶段要求(2020 年以后)

此阶段电动汽车数量逐步增加到数十万辆以上规模(大城市将达到数百万辆)。此阶段电动汽车的数量逐渐追赶和超过燃油汽车数量,对充电站(桩)的数量和设置位置提出了更高的要求,除增加相应的交流充电桩外,直流充电桩要达到每个超市、停车场、办公楼、小区中型单位等配置数个到数十个的规模,中心城市至少要配置 10 000～20 000 个直流充电桩。

此阶段城市将更大，农村也将发展起来，城乡基本一体化，小型快速充电站将遍布各地，不仅社区、街道边、公共停车场等必备，城市环路、远郊公路、高速公路等更是必不可少。

※ 小测试

1. 充电站的功能是什么？

2. 充电站的电气设备布置有什么要求？

※ 综合测试

项目五
电动辅助系统

- 任务一　电动助力转向系统
- 任务二　真空助力制动系统
- 任务三　空调系统
- 任务四　照明与信号系统

任务一 电动助力转向系统

学习目标

1. 理解电动汽车电动助力转向系统的特点；
2. 了解电动汽车电动助力转向系统的分类；
3. 了解电动汽车电动助力转向系统的结构；
4. 能够正确描述电动汽车电动助力转向系统的工作原理。

一、助力转向系统概述

助力转向系统分为机械转向系统、液压助力转向系统、电控液压助力转向系统（如图 5-1 所示）、电动助力转向系统、线控转向系统。

1. 液压助力转向系统

液压助力转向系统（Hydraulic Power Steering，HPS）采用液压伺服控制方式构成的液压控制系统，主要由 V 形传动带、压力流量控制阀体、油管、动力缸、转向助力泵、转向柱、转向传动轴、储油罐等部件构成。

1）液压助力转向系统的优点

液压助力转向系统的优点如下。

（1）采用机械部件连接，操控精准，路感直接，信息反馈丰富。

（2）液压泵由发动机驱动，转向动力充足，技术成熟，可靠性高，平均制造成本低。

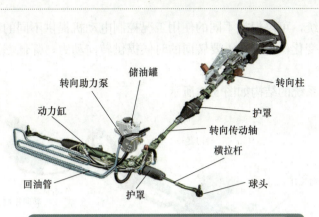

图 5-1 电控液压助力转向系统的结构

2）液压助力转向系统的缺点

液压助力转向系统的缺点如下。

（1）低速大转向转弯时比较沉。

（2）依靠发动机动力来驱动油泵，能耗比较高。

（3）液压系统的管路结构非常复杂，油路经常保持高压状态，使用寿命受到影响。

2. 电控液压助力转向系统

电控液压助力转向系统（Electric Hydraulic Power Steering，EHPS）主要由储油罐、控制单元、电动泵、转向机构、助力转向传感器等构成，如图 5-2 所示。

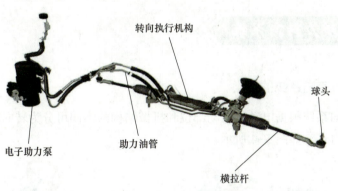

图 5-2 电控液压助力转向系统的结构

1）电控液压助力转向系统的优点

电控液压助力转向系统采用电动液压泵，低速输出大转矩，高速输出小转矩。

2）电控液压助力转向系统的缺点

电控液压助力转向系统结构复杂，不便于安装、维修及检测且造价较高，无法克服液压系统的缺点，如渗油问题、低温工作性能。

3. 电动助力转向系统

电动助力转向系统（Electric Power Steering，EPS）是一种直接依靠电动机提供辅助转矩的动力转向系统，可以根据不同的使用工况控制电动机提供不同的动力，实现转向助力随车速的变化而变化，且仅在需要转向的时候提供转向动力，降低燃油消耗率，且转向更加轻便。

电动助力转向系统的结构如图5-3所示。

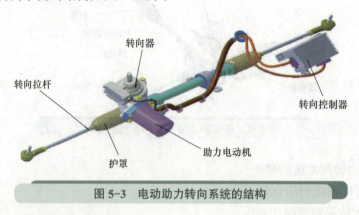

图5-3 电动助力转向系统的结构

1）电动助力转向系统的优点

电动助力转向系统具有结构简单、油耗低、噪声小、助力效果好、主动回正、环保性好等优点。

2）电动助力转向系统的缺点

电动助力转向系统具有成本高、结构复杂、维修难等缺点。

二、电动助力转向系统

1. 电动助力转向系统的分类

电动助力转向系统根据电动机驱动部位和机械结构的不同可分为转向轴助力式、齿轮助力式和齿条助力式，如图5-4所示。

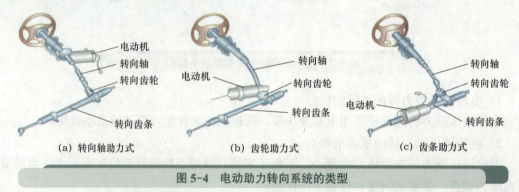

图5-4 电动助力转向系统的类型

2. 电动助力转向系统的结构

电动助力转向系统直接依靠电动机提供辅助转向动力，主要由转矩传感器、转角传感器、车速传感器、电动机、电磁离合器、减速机构、电子控制单元（ECU）等组成，如图 5-5 所示。

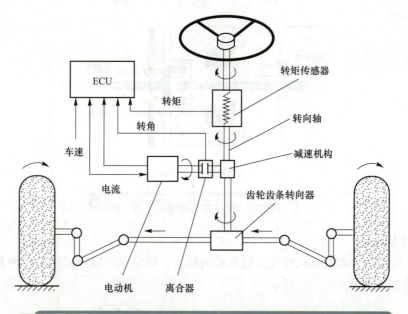

图 5-5　电动助力转向系统结构示意图

1）转矩传感器

转矩传感器用于检测作用于转向盘上的转矩信号的大小与方向。

接触式转矩传感器（见图 5-6）是在转向轴位置加一根扭杆，通过扭杆检测输入轴与输出轴的相对扭转位移，并将这种扭转变化输入给 ECU。

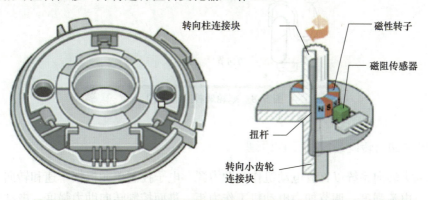

图 5-6　接触式转矩传感器

2）电动机

电动助力转向系统一般采用直流无刷永磁电动机，无刷永磁电动机具有无励磁损耗、效率较高、体积较小等特点。

3）电磁离合器

电磁离合器可以保证电动助力只在预定的范围内起作用。当车速、电流超过限定的最大值或转向系统发生故障时，电磁离合器便自动切断电动机动力，恢复手动控制转向。

单片干式电磁离合器如图 5-7 所示。

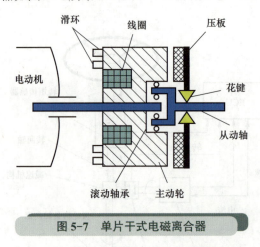

图 5-7 单片干式电磁离合器

4）减速机构

减速机构用来增大电动机传递给转向器的转矩。蜗轮蜗杆减速机构是一种常用的减速机构，如图 5-8 所示。

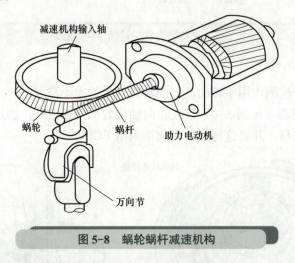

图 5-8 蜗轮蜗杆减速机构

3. 电动助力转向系统的工作原理

电动助力转向系统以直流电动机作为助力源，电子控制单元根据车速和转向参数控制电动机通电电流强度，调节加力电动机工作力矩，进而控制转向助力强度。电动助力转向系统的助力作用受电脑控制，在低速转向时助力作用最强，随着车速的升高，助力作用逐渐减弱。现以奥迪汽车双小齿轮电动助力转向系统（见图 5-9）为例分析转向过程。

1）基本工作原理

（1）驾驶员转动转向盘时，转向助力过程即开始。

（2）转向盘上作用的转矩使得转向机中的扭转杆发生扭转。转矩传感器检测到这个扭转量，并将测得的转矩通知控制单元。

（3）转角传感器送来实际转角信息，转子转速传感器送来实际转速信息。

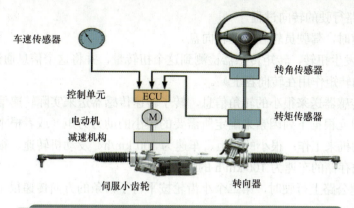

图 5-9 奥迪汽车双小齿轮电动助力转向系统

（4）控制单元根据下列因素来确定所需要的助力力矩并操纵电动机来工作：转矩、车速、发动机转速、转角、转度及控制单元内存储的特性曲线。

（5）转向助力是由第二个小齿轮来完成的，该小齿轮按平行于齿条的方向传力，它由一个电动机来驱动。该电动机通过蜗轮蜗杆机构和一个驱动小齿轮咬合在齿条上，并传递转向所需要的辅助力。

（6）转向盘上的转矩和助力力矩的和就是转向机上用于驱动齿条的力矩。

2）停车时的转向过程

（1）在停车时，驾驶员用力转动转向盘。

（2）扭转杆发生扭转，转矩传感器检测到这个扭转量，并将这个信息通知控制单元（现在有一个很大的转矩作用在转向盘上）。

（3）转角传感器送来较大的转向角信息，电动机转子转速传感器送来实际转速信息。

（4）控制单元根据下列因素来确定所需的较大的助力力矩并操纵电动机来工作：较大的转矩、车速为 0 km/h、发动机转速、较大转角、转速及控制单元内存储的车速为 0 km/h 的特性曲线。

（5）在停车时，第二个小齿轮按平行于齿条的方向传递最大的辅助力。

（6）转向盘上的转矩和这个最大的助力力矩的和就是停车时转向机上用于驱动齿条的力矩。

3）城市道路行驶的转向过程

（1）在城市行驶中遇弯道时，驾驶员转动转向盘。

（2）扭转杆发生扭转，转矩传感器检测到这个扭转量，并将这个信息通知控制单元（现在有一个中等大小的转矩作用在转向盘上）。

（3）转角传感器送来中等大小的转角信息，电动机转子转速传感器送来实际转速信息。

（4）控制单元根据下列因素来确定所需要的中等大小的助力力矩并操纵电动机来工作：中等大小的转矩、车速为 50 km/h、发动机转速、中等大小的转角、转速及控制单元内存储的车速为 50 km/h 的特性曲线。

（5）在转弯时，第二个小齿轮按平行于齿条的方向传递中等大小的辅助力。

（6）转向盘上的转矩和这个中等大小的助力力矩的和就是城市道路转弯时转向机上用于驱动齿条的力矩。

4）高速公路行驶的转向过程

（1）在变道时，驾驶员轻轻转动转向盘。

（2）扭转杆发生扭转，转矩传感器检测到这个扭转量，并将这个信息通知控制单元（现在有一个很小的转矩作用在转向盘上）。

（3）转角传感器送来很小的转角信息，转子转速传感器送来实际转速信息。

（4）控制单元根据下列因素来确定所需要的很小的助力力矩（或者根本不需要助力力矩）并操纵电动机来工作：很小的转矩、车速为 100 km/h、发动机转速、很小的转角、转速及控制单元内存储的车速为 100 km/h 的特性曲线。

（5）在高速公路上行驶时，第二个小齿轮按平行于齿条的方向传递很小的辅助力或者根本不传递辅助力。

（6）转向盘上的转矩和这个最小的助力力矩的和就是高速公路变道时转向机上用于驱动齿条的力矩。

※ 小测试

1. 助力转向系统分为哪些类？

2. 电动助力转向系统的优、缺点分别是什么？

任务二 真空助力制动系统

学习目标

1. 了解电动汽车真空助力制动系统的概念;
2. 能够理解电动汽车真空助力制动系统的结构;
3. 能够正确描述电动汽车真空助力制动系统的工作原理。

一、助力制动系统概述

传统汽车制动系统的真空助力装置的真空源来自发动机进气歧管,纯电动汽车发动机总成被拆除后,制动系统由于没有真空动力源而丧失真空助力功能,因此电动汽车真空助力系统在传统真空助力系统的基础上增加了电动真空泵,以产生足够的真空度,从而实现助力制动。

二、电动汽车真空助力制动系统的结构

电动汽车真空助力制动系统主要由电动真空泵、真空助力器、制动液储液罐、真空压力开关、真空软管等组成,如图5-10所示。

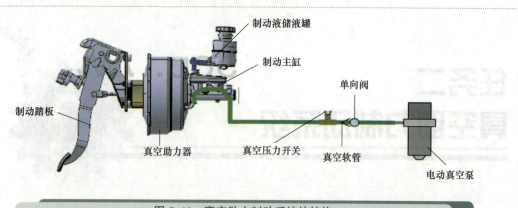

图 5-10 真空助力制动系统的结构

传统汽车上的真空源来自汽油发动机的进气歧管，电动汽车取消了发动机，因此，需要单独增加真空泵为真空助力器提供可靠的真空源。

真空助力器工作原理：踩下制动踏板时，连杆打开一个气门，使空气进入助力器膜片的一侧，同时密封另一侧真空，这就增大了膜片一侧的压力，从而有助于推动连杆，继而推动主缸中的活塞。释放制动踏板时，阀将隔绝外部空气，同时重新打开真空阀，这将恢复膜片两侧的真空，从而使一切复位。

三、电动汽车真空助力制动系统的工作原理

电动汽车真空助力制动系统的工作原理如图 5-11 所示。当驾驶员发动汽车时，12 V 电源接通，压力延时开关和压力报警器开始压力自检。如果真空罐内的真空度小于 55 kPa，则压力膜片将会挤压触点，从而接通电源，真空泵开始工作；当真空度增加到 55 kPa 时，压力延时开关断开，然后通过延时继电器使真空泵继续工作大约 30 s 后停止。

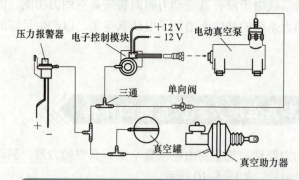

图 5-11 电动汽车真空助力制动系统的工作原理

1. 非工作过程

如图 5-12 所示，在非工作状态下，控制阀推杆回位弹簧将控制阀推杆推到右边的锁片锁定位置，真空阀门 A 处于开启状态，控制阀弹簧使控制阀皮碗与空气阀座紧密接触，

从而关闭了空气阀门 B。此时助力器的真空气室和应用气室分别通过活塞体的真空气室通道与应用气室通道经控制阀腔处相通，并与外界大气相隔绝。

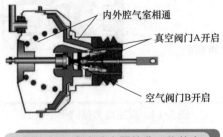

图 5-12　真空助力器的非工作状态

2. 中间工作过程

如图 5-13 所示，当进行制动时，踏下制动踏板，踏板力经杠杆放大后作用在控制阀推杆上。首先，控制阀推杆回位弹簧被压缩，控制阀推杆连同空气阀柱前移。当控制阀推杆前移到控制阀皮碗与真空阀座相接触的位置时，真空阀门 A 关闭。此时，助力器的真空气室、应用气室被隔开，且空气阀柱端部刚好与反作用盘的表面相接触。随着控制阀推杆的继续前移，空气阀门 B 开启。外界空气经过滤后通过打开的空气阀门及通往应用气室的通道进入助力器的应用气室（右气室），伺服力产生。

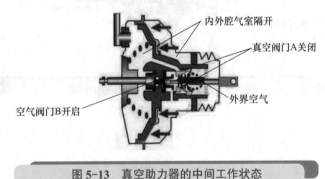

图 5-13　真空助力器的中间工作状态

3. 平衡状态

如图 5-14 所示，如果制动踏板力保持不变，在经由反馈板传递的主缸向后的反作用力和膜片＋膜板＋活塞外壳＋阀碗＋支撑弹簧＋阀圈向前运动趋势的共同作用下，空气阀门 B 封闭，达到平衡状态。此时，任何踏板力的增长都将破坏这种平衡，使空气阀门 B 重新开启，大气的进入将进一步导致后腔原有真空度的降低，加大前后腔压差。因此，真空助力器的工作过程是一个动平衡的过程。

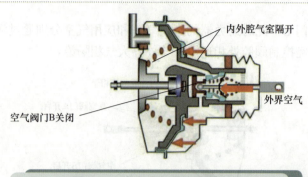

图 5-14 真空助力器的平衡状态

4. 松开制动状态

如图 5-15 所示，松开制动踏板，在阀圈弹簧的作用下，操纵杆带动止动底座向后运动，首先关闭空气阀门 B，继续运动将开启真空阀门 A，助力器前后腔连通，真空重新建立。与此同时，在回位弹簧的作用下，膜片＋膜板＋活塞外壳组件回到初始位置。

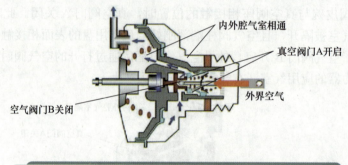

图 5-15 真空助力器的松开制动状态

※ 小测试

电动汽车真空助力制动系统由哪五部分组成？

任务三 空调系统

学习目标

1. 了解电动汽车空调系统的特点；
2. 掌握电动汽车空调系统的结构和工作原理。

一、电动汽车空调系统概述

电动汽车空调系统能使车内空气的温度、湿度、流速和清洁度等达到驾驶员和乘员所希望的程度。采暖系统可使乘客在天气寒冷的冬天着装轻便，为车窗提供除雾和除霜，保证乘坐舒适性和驾驶安全性；制冷系统则通过制冷和除湿，使乘员在炎热的夏天乘坐舒适，驾驶员保持警惕，并能够除去风窗玻璃上的雾，给驾驶员一个清晰的视野，确保行车安全。

1. 电动汽车空调系统的特点

评价电动汽车空调系统的指标主要有温度、相对湿度、风速和清洁度。

1）温度

在夏季，人感到舒适的温度是 22 ℃～28 ℃，而在冬季，人感到舒适的温度是 16 ℃～18 ℃。温度低于 14 ℃，人会感觉到"冷"，温度越低，人的手脚动作就会越僵硬，因此在温度较低的情况下，驾驶员将不能灵活操作车辆。温度超过 28 ℃，人就会觉得燥热，精神不易集中，思维迟钝，在这种情况下操作车辆容易造成交通事故。超过 40 ℃ 的温度（称为有害温度）将对人体的健康造成损害。另外，人体面部所需求的温度比足部略低，即要求"头凉足暖"，温差大约为 2 ℃。

2）相对湿度

人觉得舒适的相对湿度在夏季是 50%～60%，在冬季是 40%～50%。在这种相对湿度环境中，人会觉得心情舒畅。相对湿度过低，人会感到皮肤干燥；相对湿度过高，人会觉得闷。

3）风速

人在流动的空气中比在静止的空气中要舒适，这是因为流动的空气能促进人体内外散热。所以，空气流速是电动汽车空气调节的重要内容之一。空气流速在0.2 m/s以下为宜，并且以低速变动为佳。

4）清洁度

由于车内空间小，乘员密度大，人在全封闭空间中极易产生缺氧和二氧化碳浓度过高的现象；汽车发动机废气中的一氧化碳和道路上的粉尘都易进入车内，造成车内空气浑浊，严重影响乘员的身体健康，因此必须对车内空气进行净化处理。

2. 电动汽车空调系统的组成

（1）制冷系统：它的主要作用是通过通风与空气净化系统将引入到车内的热空气进行降温，并带走热空气中的水分，从而降低炎热天气车内空气的温度和湿度。

（2）制热系统：它与制冷系统恰恰相反，它的主要作用是通过通风与空气净化系统将引入到车内的空气进行加热，从而提高寒冷冬季车内空气的温度。

（3）通风与空气净化系统：它的主要作用是通过强制通风装置将车外的空气经过过滤与净化后，送入车内，并根据驾驶员的意愿对吹风模式进行调节。比如可以除去车内空气中的尘埃、臭味、烟气等，使空气变得清新。

（4）电气控制系统：它的主要作用是根据驾驶员或乘客意愿对空调系统进行操作控制，从而实现调节车内空气温度与湿度及风窗玻璃除霜等功能。

二、电动汽车空调系统的关键部件

1. 压缩机

1）压缩机的作用

传统汽车压缩机是由发动机传动带通过电磁离合器带动，而电动汽车采用电动压缩机，电动压缩机是动力电池提供高压电驱动。压缩机是空调制冷系统制冷剂循环的动力，也被称为空调制冷系统的"心脏"，其作用是将来自蒸发器的低温、低压的气态制冷剂压缩为高温、高压的气态制冷剂，并将制冷剂送往冷凝器。

2）压缩机的工作原理

在工作过程中，静涡旋盘固定在机架上，动涡旋盘由曲轴驱动并由防自转机构制约，围绕静涡旋盘基圆中心做很小半径的行星运动。气体通过滤芯进入静涡旋盘的外围，随着曲轴的旋转，动涡旋盘在静涡旋盘内按轨迹运转时，动、静涡旋盘之间形成若干个月牙形压缩腔，这些月牙形压缩腔由外向内逐渐缩小，气体在动、静涡旋盘所组成的若干个月牙形压缩腔内被逐步压缩，最后由静涡旋中心部件的轴向孔连续排出。在整个过程中，所有工作腔均处于不同的压缩阶段，从而保证压缩机连续不断地吸气、压缩、排气。

3）压缩机的优缺点

压缩机具有以下优点。

（1）转矩变化幅度小。

（2）振动小，质量轻。

（3）噪声小。

压缩机具有以下缺点。

（1）加工精度非常高。

（2）密封机构复杂。

2. 冷凝器

1）冷凝器的作用

冷凝器是空调制冷系统重要的组成部件，它将压缩机排出的高温高压的气态制冷剂转变为液态制冷剂，制冷剂在冷凝器中散热而发生状态的改变。由于外界环境温度等因素影响，要想对制冷剂良好的降温，需要良好的散热条件，包括良好的通风和冷凝器本身的散热效果。

冷凝器的散热面积越大，冷却效果越好。

2）冷凝器的结构

空调系统的冷凝器一般安装在散热器的前面，由管子和散热片组成。

3. 储液干燥器

1）储液干燥器的作用

（1）储存制冷剂：接收来自冷凝器的制冷剂并加以储存，根据蒸发器的需要提供所需的制冷剂量。

（2）过滤：将系统中经常出现的杂质、脏物（如锈蚀、污垢、金属微粒等）过滤掉，这些杂质会损伤压缩机轴承，还会堵塞滤网和膨胀阀。

（3）吸收湿气：空调系统要求湿气越少越好，因为湿气会造成"冰塞"并腐蚀系统管道等，使之不能正常工作。

2）储液干燥器的结构

储液干燥器安装在冷凝器和膨胀阀之间，通常由储液罐、干燥剂、过滤器组成。

4. 膨胀阀

1）膨胀阀的作用

（1）节流降压：将来自冷凝器的高温、高压液态制冷剂节流降压成容易蒸发的低温、低压雾状制冷剂并送入蒸发器，即分开了制冷剂的高压侧和低压侧。

（2）自动调节制冷剂流量：根据制冷负荷的改变和压缩机转速的变化，自动调节制冷剂进入蒸发器的流量以满足制冷循环的需要。

2）膨胀阀的结构

膨胀阀安装在蒸发器的入口处，通常由针阀、膜片、热敏杆压力弹簧组成。

5. 蒸发器

1）蒸发器的作用

经过节流降压后的液态制冷剂在蒸发器内蒸发汽化，吸收蒸发器表面周围空气的热量而降温，鼓风机将冷风吹到车室内，以达到降温目的。

2）蒸发器的结构

蒸发器是空调制冷系统中的另一个热交换器，由箱、管和散热片组成。

3）蒸发器的工作原理

进入蒸发器排管内的低温、低压雾状液态制冷剂通过管壁吸收穿过蒸发器表面的空气的热量，使之降温。与此同时，空气所含的水分由于冷却而凝结在蒸发器表面，经收集排出，使空气减湿，被降温、减湿后的空气由鼓风机吹进车辆室内，使车内获得冷气。

三、电动汽车空调系统的工作原理

1. 电动汽车空调系统的制冷原理

电动汽车空调系统的制冷原理如图5-16所示。

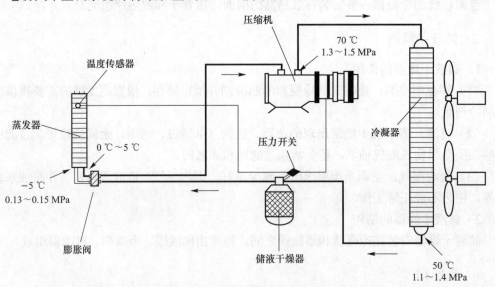

图5-16 电动汽车空调系统的制冷原理

电动汽车空调系统的制冷过程包括压缩过程、放热过程、干燥过程、节流过程、吸热过程。

（1）压缩过程：压缩机由电动机驱动旋转，将蒸发器中因吸热而汽化的低温、低压制冷剂蒸气吸入后压缩成温度为70℃左右、压力为1.3～1.5 MPa的高温、高压制冷剂气体，经高压管送入冷凝器。

（2）放热过程：经冷凝器及风扇冷却，高温、高压的制冷剂气体冷凝成温度为50℃左右、压力为1.1～1.4 MPa的液态制冷剂，释放出热量，再送入储液干燥器。

（3）干燥过程：在储液干燥器中，中温、高压的液态制冷剂中的水分和杂质被过滤掉，经过滤后的制冷剂经高压管进入膨胀阀。

（4）节流过程：液态制冷剂经过膨胀阀的小孔喷出，节流降压。经过膨胀阀的制冷剂变为温度为−5℃左右、压力为0.13～0.15 MPa的低温、低压湿蒸气，然后进入蒸发器。膨胀阀能够根据制冷负荷的大小调节制冷剂的流量。

（5）吸热过程：在蒸发器内，由于容积增大、压力降低，制冷剂汽化，吸收大量的热量，从而使制冷剂变为温度为0℃～5℃的气态，使蒸发器表面及其周围空气的温度降低。

2. 电动汽车空调系统的制热原理

电动汽车没有发动机给空调系统提供动力源，也没有利用发动机余热进行采暖，需要电能作为动力源。目前大多数纯电动汽车制热采用PTC加热器实现电能的转换。PTC加热器具有结构简单、成本低、制热快的特点，但是也存在热能利用率低、耗电量大的缺点。同时，还要定期检查PTC连接线束是否有破损、表面是否有杂物。

电动汽车空调系统的制热原理如图5-17所示。通过PTC控制模块采集加热请求，同时根据VCU控制信号、PTC总成内部传感器温度反馈等信号综合控制PTC通断，进而实现空调的制热。

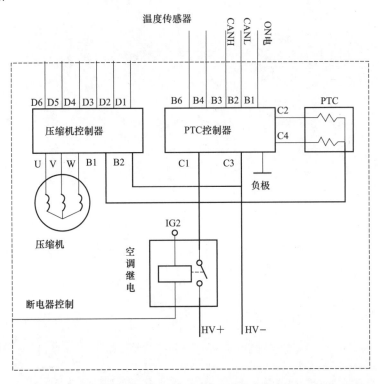

图5-17 电动汽车空调系统的制热原理

※ 小测试

1. 电动汽车空调系统的4个评价指标是什么？

2. 电动汽车空调系统的组成是什么？

3. _____是电动汽车空调制冷系统的"心脏"。

任务四 照明与信号系统

学习目标

1. 掌握汽车灯具的作用与分类；
2. 了解照明与信号系统的控制电路。

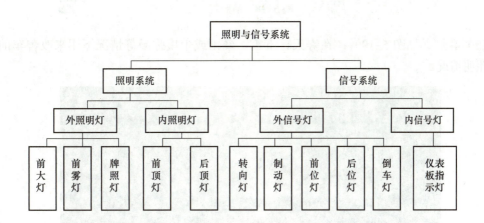

一、汽车灯具的作用、种类及要求

1. 汽车灯具的作用

汽车灯具为车前及车内提供充分、可靠的照明，并通过不同色泽的发光标志显示汽车工作况，从而向其他车辆、行人传达信息。

2. 汽车灯具的分类

汽车灯具分为外部灯具和内部灯具。

1）外部灯具

（1）前照灯（见图5-18）：用于汽车在夜间或光线昏暗路面上行驶时的照明，装于车头，俗称为大灯或头灯。远光灯的功率一般为40～60W，近光灯的功率一般为35～55W。

图5-18　前照灯

（2）雾灯（见图5-19）：在雾天、下雪、暴雨或尘埃弥漫等情况下用来改善车前道路的照明情况。

图5-19　后雾灯

（3）牌照灯（见图5-20）：用于汽车夜间行驶时照亮尾部的牌照，其亮度应保证人在25 m以外能认清牌照号码。

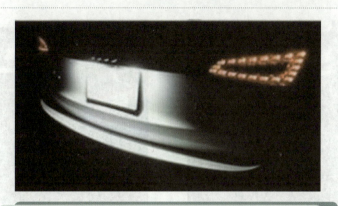

图 5-20　牌照灯

（4）倒车灯（见图 5-21）：当变速器挂倒挡时，自动发亮，照亮车后侧。

图 5-21　倒车灯

（5）制动灯（见图 5-22）：在踩下制动踏板时，发出较强红光，以示制动。

图 5-22　制动灯

（6）转向灯（见图 5-23）：用来指示车辆行驶趋向，装于车头、车尾的左右部，也有的在汽车车侧中间装有侧转向灯。

(a) 左转向灯

(b) 右转向灯

图 5-23　转向灯

（7）示位灯：安装在汽车前面、后面和侧面，前照灯打开时，示位灯、仪表照明灯和牌照灯同时发亮。

（8）示廓灯：空载高度在 3 m 以上的车辆均安装示廓灯，用来标示车辆轮廓。

（9）驻车灯：装于车头和车尾两侧，要求人从车前和车后 150 m 能确认灯光信号，车前光色为白色，车尾光色为红色。

（10）警示灯：一般装于车顶部，用来标示车辆的特殊类型。

2）内部灯具

（1）顶灯（见图 5-24）：用于夜间或光线昏暗时汽车车内的照明，兼有监视车门是否可靠关闭的作用。

图 5-24　顶灯

（2）阅读灯（见图 5-25）：装于乘员席前部或顶部，采用聚光式光源，不会产生眩目，照明范围小，有的还有光轴方向调节机构。

图 5-25　阅读灯

（3）行李厢灯（见图 5-26）：当开启行李厢盖时，自动发亮。

图 5-26　行李厢灯

（4）门灯（见图 5-27）：装于汽车外张式车门内侧底部，夜间开启车门时，自动发亮，以告示后边行人、车辆注意避让。

图 5-27　门灯

（5）踏步灯（见图 5-28）：装在大中型客车乘员门内的台阶上，夜间开启车门时，照亮踏板。

图 5-28　踏步灯

（6）仪表照明灯（见图 5-29）：照明仪表指针及刻度板，安装在仪表板反面。

图 5-29　仪表照明灯

（7）报警指示灯（见图 5-30）：包括充电指示灯、机油压力过低报警灯、转向指示灯、远光指示灯等，一般安装在仪表板上。

图 5-30　报警指示灯

3. 对汽车灯具的要求

（1）夜间车前应有明亮均匀的光照，驾驶员能辨明车前 100 m 以内路面的障碍物。目前汽车前照灯照明距离已达 200～400 m。

（2）具有防眩目装置，避免因灯光眩目造成会车事故。

（3）横向光束应有一定的散射宽度，以便驾驶员在汽车直行时能看清车身侧面的运动物体及转弯时的照明需要。

（4）满载时，照明效果不应因车灯高度变化而下降。

（5）照明和信号装置的任一条线路出现故障，不得干扰其他线路的工作。

三、照明与信号系统的控制电路

照明与信号系统的控制电路如图 5-31 所示。

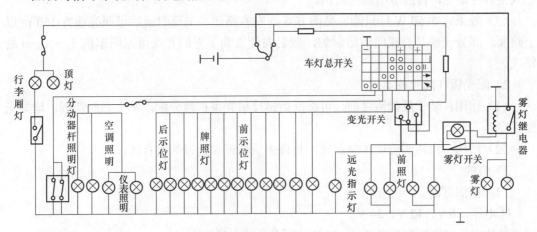

图 5-31　照明与信号系统的控制电路

照明与信号系统的工作情况一般服从如下规律。

（1）车灯开关位于一挡，示位灯、内部照明灯及牌照灯亮；车灯开关位于二挡，一挡接通的灯发亮的同时前照灯发亮。

（2）通过控制变光开关可使前照灯远光与近光交替通电闪烁，作为超车用灯光信号。变光开关一般控制前照灯火线支路。

（3）雾灯不但受雾灯开关控制，其电源电路还受车灯开关控制。

（4）顶灯兼有监视车门关闭的作用。当车门未关严时顶灯发亮以示警告。

四、汽车前照灯

1. 对前照灯的要求

汽车前照灯应满足以下要求：

（1）前照灯的上缘距地面的高度不大于 1.2 m，外缘距车外侧的距离不大于 0.4 m。

（2）前照灯应有远、近光变换装置，并且当远光变为近光时，所有远光应能同时熄灭。

（3）四灯制前照灯并排安装时，装于外侧的一对应为远、近光双光束灯；装于内侧的一对应为远光单光束灯。

（4）夜间远光灯亮时，应能照清前方 100 m 远的道路；近光灯亮时，应能照清前方 40 m 远的道路且不眩目。

2. 前照灯的结构

1）反射镜

（1）作用：最大限度地将灯泡发出的光线聚合成强光束，以增大照射距离。

（2）结构：由 0.6～0.8 mm 厚的薄钢板经冲压而成，为旋转抛物面形状，内表面镀银、铝或铬后再抛光，目前多用真空镀铝。

（3）效果：如 50 W 灯只能照亮前方 6 m 左右路面，加反射镜后可照亮前方 150 m 以上路面，部分光线是直接向前散射的，散射向侧方和下方的光线可照明车前 5～10 m 的路段。

2）配光镜（散光玻璃）

（1）作用：装于反射镜之前，可将反射镜反射光束扩散分配，扩大光照范围，均匀光照强度。

（2）结构：由透明玻璃压制而成，是许多块棱镜和透镜的组合体。

3）灯泡

（1）白炽灯泡。

①电压：6 V、12 V、24 V。

②功率：国产灯泡远光 45～55 W，近光 30～40 W。

③灯丝：双灯丝；功率较大的为远光灯丝，功率较小（细）的为近光灯丝。

④材料：钨丝。灯内抽真空充满氩、氮混合惰性气体（受热膨胀、增压，可减小钨丝蒸发，提高使用寿命，且使发光率高）。

⑤形状与作用：螺旋状，以利于聚光。

⑥安装定位：通过插头、插座定位装配，保证远光灯灯丝位于抛物面的焦点，近光灯灯丝位于焦点的前上方。

（2）卤素灯泡

①原理：在惰性气体中掺入碘、氯、氟、溴等卤族元素。在灯泡工作时，由钨丝蒸发出来的气态钨与卤族元素反应生成了一种挥发性的卤化钨，它扩散到灯丝附近的高温区后又受热分解，使钨又重新回到灯丝上。被释放出来的卤素继续参与下一次循环反应，周而复始，从而防止了钨丝的蒸发和灯泡的黑化现象。

②优点：灯泡内的充气压力较大，工作温度高，可更有效地抑制钨的蒸发量，延长使用寿命，提高发光率。在相同功率的情况下，卤素灯泡的亮度是白炽灯泡的 1.5 倍，使用寿命是白炽灯泡的 2～3 倍。

3. 前照灯的防炫目装置

1）采用远、近光束变换

要求：远光 100 m，近光 30 m。夜间会车时，须距对面来车 150 m 以外互闭远光灯，改用近光灯。

2）近光灯灯丝加装配光屏（遮光罩）

近光灯灯丝加装配光屏（遮光罩）可遮挡近光灯灯丝射向反射镜下半部的光线，消除反射后向上照射的光束，提高防眩目效果。

3）采用不对称光形（E 形或 Z 形）

采用不对称光形的前照灯是一种新型的防眩目前照灯，安装时将遮光罩偏转一定的角度，使其近光的光形分布不对称，将近光灯右侧光线倾斜升高 15°（E 形非对称形）。

4. 汽车前照灯的分类

1）按数目分类

（1）两灯制：两个前照灯均采用双丝灯泡，为远光和近光双光束灯。

（2）四灯制：外侧的一对用双丝灯泡，为远近双光束灯；内侧的一对为远光单光束灯。

2）按结构分类

汽车前照灯按结构可分为可拆式、半封闭式、全封闭式，如图 5-32 所示。

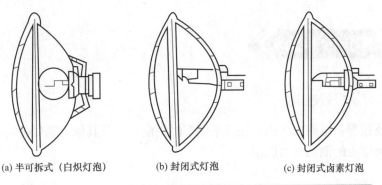

(a) 半可拆式（白炽灯泡）　　(b) 封闭式灯泡　　(c) 封闭式卤素灯泡

图 5-32　普通前照灯的类型

5. 常用汽车前照灯

1）投射式前照灯

投射式前照灯装有很厚的无刻纹的凸形配光镜。反射镜为椭圆形，具有两个焦点，外径很小，其中第一焦点处放置灯泡，第二焦点由灯光束形成。凸形配光镜的焦点与反射镜的第二焦点相重合。灯泡发出的光被反射镜聚集成第二焦点，通过配光镜将聚集的光投射到远方。在反射镜的第二焦点附近设遮光板，可用于遮住投向上半部分的光，形成明暗分明的配光，适合做前照灯近光、远光灯，或做雾灯。这种前照灯采用卤钨灯泡，可利用的光束增多，若将反射镜的断面做成扁长形的，则很多光束便可横向扩散，结构紧凑且经济实用。

2）高亮度弧光灯

（1）结构：无灯丝，石英管中装有两个电极，并充有氙气及微量金属（或金属卤化物）。

（2）原理：当电极上有足够的引弧电压（5 000～12 000 V）时，气体开始电离而导电。此时气体原子处于激发状态，因电子发生能级跃迁而开始发光；0.1 s 后电极间蒸发了少量水银蒸气，水银蒸气通电，电弧放电，待温度上升后再转入卤化物弧光灯工作。

（3）组成：弧光放电前照灯由弧光灯组件、电子控制器和升压器组成。

（4）特点：其灯光光色成分和日光灯非常相似，亮度是目前卤素灯泡的 2.5 倍，使用寿命为卤素灯泡的 5 倍。因灯泡点亮达到正常工作温度后，维持电弧放电的功耗很低（约 35W），故可节约 40% 电能。

五、转向灯电路

转向灯电路的作用是指示车辆行驶方向，提醒周围车辆和行人注意。

转向信号灯系统由闪光继电器、转向开关、转向灯和转向指示灯等组成。

转向信号灯电路系统由转向和报警两部分电路组成，一般这两部分电路共用一个闪光器，由转向开关和危险报警开关分别控制。

六、倒车信号装置

1. 倒车灯及报警器电路

倒车灯及报警器电路的作用是在汽车倒车时提醒行人及其他车辆驾驶员，以保证倒车安全，由变速器上的倒挡开关控制。

2. 倒车报警器

1）倒车蜂鸣器

倒车蜂鸣器由发音部分的小功率喇叭、多谐振荡控制电路和反相器组成的开关电路构成。

倒车蜂鸣器的电路如图 5-33 所示。VT_3 在电路中起开关作用，它与 VT_2 直接耦合，VT_2 的发射极电流就是 VT_3 的基极电流。当 VT_2 导通时，VT_3 基极有足够大的基极电流通向 VD_4。VD_4 通电使膜片振动，产生声音。当 VT_2 截止时，VT_3 也截止（无基极电流流过），VD_4 断电，响声停止，如此周而复始，VT_3 按照无稳态电路的翻转频率不断地导通、截止，从而使倒车蜂鸣器发出"嘀……嘀……嘀"的间歇鸣叫声。

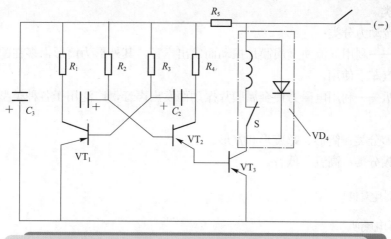

图 5-33 倒车蜂鸣器的电路

2）倒车语音报警器

倒车语音报警器电路如图 5-34 所示。

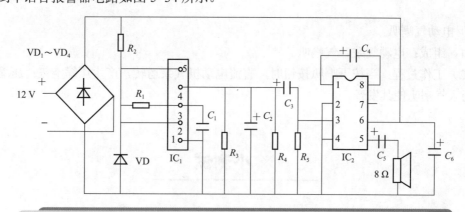

图 5-34 倒车语音报警器电路

3. 倒车雷达装置

（1）作用：倒车时起辅助报警作用，使倒车更加安全。

（2）组成：由倒车雷达侦测器、控制器、蜂鸣器等组成。

（3）原理：基于声呐原理工作。当超声波遇到障碍物时，会有反射波产生，被传感器接收后，控制器就会利用发射波与反射波计算出障碍物与雷达发射器之间的距离，并据此采取相应的报警提示。

七、电喇叭

1. 电喇叭的作用与分类

（1）作用：发出声响信号，提醒行人和其他车辆驾驶员。

（2）分类。

①按发音动力分类：

气喇叭——利用气流使金属膜片振动而发出声音，其外形为筒形，多在配有气压制动装置的载货汽车上使用。

电动喇叭——利用电磁力使金属膜片振动而发出声音，广泛用于各种类型的汽车和运输车辆上。

②按外形分类：筒形、螺旋形和盆形。

③按声频分类：高音、低音。

2. 常用电喇叭

1）盆形电喇叭

（1）组成：盆形电磁铁、线圈等。

（2）工作过程：当按下喇叭按钮时，线圈通电磁化铁芯，从而吸动铁芯带动膜片拱曲变形，并激励与膜片一体的共鸣板产生共鸣，发出比基本频率强得多且分布又比较集中的谐音。

2）电动气喇叭

（1）组成：电动气泵、气喇叭。

（2）工作过程：当按下喇叭按钮时，直流电动机气泵运转，产生压缩空气；压缩空气直接通入气喇叭使其发音。

※ 小测试

1. 对汽车灯具的要求有哪些？

2. 前照灯由_____、_____、_____组成。

3. 倒车信号装置由_____、_____组成。

4. 倒车报警器有_____、_____两种。

5. 转向灯电路的作用是什么？

※ 综合测试

※ 拓展知识

国外新能源汽车产业发展情况

一、美国

1. 通用汽车公司

通用汽车公司把混合动力技术作为一个重要项目来发展,形成了独特的混合动力技术路线,从3个方面开展技术研发,包括双模混合动力技术、轻度混合动力技术和混合动力在城市公交的应用。

雪佛兰Tahoe混合动力汽车采用艾里逊双模混合动力变速器,是全球第一款大型混合动力SUV,也是首款搭载双模混合动力系统的车型,采用两种电动机(低速电动机和高速电动机),功率各为30 kW,并采用300 V镍氢电池,燃油经济性可提高30%。通用汽车公司还将双模混合动力系统用于柴油混合动力城市公交车上,该车搭载了8.9 L柴油机,具有两个功率100 kW的电动机(低速电动机和高速电动机),采用588 V镍氢电池,其燃油经济性提高60%,排放量降低90%,具有制动能量回收功能。从2001年起,超过300辆通用产双模混合动力公交车在美国各地运行。

2010年,通用汽车公司发布了首款插电式混合动力车型沃蓝达(Volt),如图1所示,其未来的战略部署主要集中在插电式混合动力,并以沃蓝达车型为基准方向。

图 1　沃蓝达车型

2. 福特汽车公司

福特汽车公司 2004 年上市的混合动力版翼虎（Escape）是美国销售的第一款全混合动力 SUV，也是美国制造的第一款全混合动力汽车。该车的全混合动力系统使其纯电动行驶能力大大强于此前的其他轻度混合动力汽车，在时速 30 英里（1 英里 =1.609 km）以下都可以采用纯电动。混合动力翼虎装备了高效节能的四缸阿特金森循环发动机，配以电驱动系统，可在纯电动、纯机械动力或混合驱动之间自动切换，使其加速性能达到了与原版翼虎相近的水平，市区燃油经济性提高 75%。

福特汽车公司推行的电驱动化战略涵盖了纯电动汽车、混合动力汽车和插电式混合动力汽车 3 种电动车型，几乎是目前最全面的电动汽车发展计划，目前多数厂商主攻一种或两种驱动技术。纯电动汽车方面，福特汽车公司在 2010 年推出了全顺 Connect 电动商用货车，2011 年推出电动版福克斯车型，2013 年又推出了电动版嘉年华车型。2011 年，混合动力版 Fusion 上市。2015 年，福特汽车公司又推出了全新插电式混合动力 C-MAX Energi（见图 2），加入了激烈的混合动力汽车市场竞争行列。

图 2　C-MAX Energi 车型

二、德国

1. 大众汽车公司

大众汽车公司早期的新能源汽车路线是生物燃料及氢动力,近年来重新定位于电动汽车和混合动力汽车,重点是插电式混合动力汽车。大众汽车公司期望在未来数年内,通过插电式混合动力这一途径将所有级别产品都实现电气化。

在纯电动方面,大众汽车公司自2010年以来先后发布了电动宝来、电动高尔夫、电动朗逸和UPI家用电动车。大众汽车公司将其电驱动技术称为蓝驱(Blue-eMotion),采用的是磷酸铁锂动力电池组。

2. 戴姆勒－奔驰汽车公司

2008年,戴姆勒－奔驰汽车公司在日内瓦车展展出了GLK BlueTec Hybrid柴油混合动力概念车。BlueTec是戴姆勒－奔驰汽车公司研发的有效降低柴油发动机氮氧化合物的新技术。在采用了多项新技术之后,GLK BlueTec Hybrid的百公里油耗仅为5.9L,排放量则达到了欧洲6号标准。该车拥有一套高效节能的驱动系统,核心是BlueTec系统、混合动力模块和智能化能源管理系统,混合动力模块由柴油发动机和电动机构成。配备的四缸2.2 L CDI柴油机采用第四代共轨直喷技术及两段式涡轮增压系统,可以提供735 kW的最大输出功率和560 N·m的最大转矩。

戴姆勒－奔驰汽车公司于2009年推出旗下首款量产混合动力汽车——S400 Hybrid。该车是全球第一款采用锂离子电池混合动力技术的量产轿车。高强度钢壳包裹着的锂电池组的体积只有两块砖头大小,发动机、电动机、变速器集成为一体,为乘坐和行李提供了较大的空间。S400 Hybrid采用的是阿特金森循环V6发动机,0~100km/h的加速时间为7.2 s,燃油经济性比同级别燃油车型提高了20%。

3. 宝马汽车公司

宝马汽车公司将其混合动力汽车技术称为ActiveHybrid,第一批ActiveHybrid车型ActiveHybrid X6和ActiveHybrid7已于2009年年底批量生产。与其他厂商的混合动力设计原则不同,宝马汽车公司不仅要通过混合动力技术降低排放量和油耗,而且要求混合动力产品能够提供比传统动力更强劲的动力。混合动力版宝马X6搭载一台4.4 L排量、功率300 kW的V8双涡轮增压汽油发动机,在此基础上加入两台功率为67 kW和63 kW的电动机,在电动机的帮助下,混合动力X6的最大输出功率增加到了357 kW,峰值转矩为780 N·m。该车综合百公里油耗为9.9 L,0~100 km/h的加速时间为5.6 s。宝马ActiveHybrid 7采用中混合动力驱动,使用新型高效锂离子蓄电池。锂离子电池大小与传统12 V蓄电池相差无几,质量仅28 kg左右,可方便地集成到车内,占用很小的安装空间。宝马ActiveHybrid 7搭载4.4 L排量、342 kW双涡轮增压V8汽油发动机、15 kW三相交流同步电动机。该车综合百公里油耗为

9.4 L，0～100 km/h 的加速时间为 4.9 s。除了 ActiveHybrid X6 和 ActiveHybrid 7，宝马汽车公司还推出了发动机排量 3.0L、油耗更低的 ActiveHybrid 5（见图 3）和 ActiveHybrid 3。

图 3　ActiveHybrid 5 车型

三、日本

1. 丰田汽车公司

1997 年，丰田汽车公司推出了世界第一款批量生产的混合动力汽车 Prius，并分别在 2003 年和 2009 年发布了第二代和第三代，是迄今为止全球销售总量最大的混合动力车型。混合动力 Prius 是一款全混合动力汽车，由 52 kW 四缸发动机和 33 kW 永磁同步电动机共同驱动，采用行星齿轮装置对发动机动力进行分配，一部分动力传到车轮，另一部分动力传给发电机，发电机的输出功率给电动机或者用于给镍氢电池充电。Prius（见图 4）综合百公里油耗只有 5.1 L，排放量不到同级别燃油车的一半。

雷克萨斯（Lexus）是丰田汽车公司旗下的豪华车品牌，其中有多款推出了混合动力版本。雷克萨斯混合动力 GS450h 搭载 3.5 L V6 发动机，是世界上为数不多的大功率豪华混合动力运动轿跑车。雷克萨斯混合动力 LS600h 搭载 5L V8 发动机，是全球首款搭载 V8 发动机的混合动力汽车，也是丰田的旗舰混合动力轿车。雷克萨斯混合动力 RX450h 是搭载 3.5 L V6 发动机的混合动力 SUV。

图 4　Prius 车型

2. 本田汽车

本田汽车公司的经典混合动力汽车产品是 Insight。混合动力 Insight 于 2000 年上市，搭配本田汽车公司独创的集成电机辅助（Integrated Motor Assist，IMA）混合动力系统，配备 1.3 L 的 i-VTEC 三缸发动机、10 kW 永磁同步电动机、144 V 镍氢电池组，发动机和电动机集成同轴布置，发动机作为主动力，属于轻度混合动力系统。该车具有每升燃料行驶 36 km 的超低油耗性能，是世界上油耗最低的量产汽车，在世界各国都有很大销量。

参 考 文 献

[1] 杨效军,朱小菊. 电动汽车结构与原理[M]. 北京:机械工业出版社,2018.
[2] 张思杨,聂进,高宏超. 新能源汽车概论[M]. 北京:电子科技大学出版社,2017.
[3] 付铁军. 新能源汽车[M]. 北京:机械工业出版社,2014.
[4] 吴兴敏,崔辉. 电动汽车结构原理与检修[M]. 北京:化学工业出版社,2017.
[5] 曾鑫,刘涛. 新能源汽车动力蓄电池与驱动电动机[M]. 北京:人民交通出版社有限责任公司,2017.
[6] 路燕,周春荣. 汽车电子与电气系统[M]. 北京:中国地质大学出版社有限责任公司,2013.
[7] 李兆平,游志平,刘云飞. 电动汽车动力电池及能量管理[M]. 四川:电子科技大学出版社,2019.
[8] 魏莹,龙华,张瑞云. 动力电池管理与维护技术[M]. 江苏:江苏大学出版社,2019.